보석같은 사랑
보석보다
더 귀한 사랑!

보석같은 사랑
보석보다
더 귀한 사랑!

• 초판 1쇄 발행 2016년 10월 5일
• 초판 2쇄 발행 2019년 2월 10일

• 지은이 이유진
• 펴낸이 조유선
• 펴낸곳 누가출판사

• 등록번호 제315-2013-000030호
• 등록일자 2013. 5. 7.
• 주소 서울특별시 공항대로 637 B-102(염창동, 현대아이파크 상가)
• 전화 02-826-8802 팩스 02-6455-8805

• 정가 12,000원
• ISBN 979-11-85677-15-6 03230

한 목회자의 사랑을 담은 긴 감동이야기

보석같은 사랑
보석보다
더 귀한 사랑!

고난과 역경 중에도 '여호와를 섬기는' 믿음의 씨를 뿌리는 자는
반드시 그 열매를 거둡니다.
백 년 후에 꽃피는 나무를 심는 마음가짐이 우리에게도 있어야 하겠습니다.

이유진 지음

출판사

누가

먼저 하나님께 감사와 찬송을 올려 드립니다. 저는 어려서부터 무엇인가 만들기를 좋아했습니다. 그래서 공업고등학교를 다녔고 공과대학을 선택했습니다. 그러나 하나님께서는 저를 산업현장에서 불러내어 목사가 되게 하셨습니다. 그러니 글 쓰는 재주가 있을 리 없습니다. 그럼에도 불구하고 정말 하나님의 은혜로 한 권의 작은 책이 엮어지게 되었습니다.

제가 개척하여 지금까지 섬겨오고 있는 반석제일침례교회가 금년으로 창립 40주년을 맞게 되었습니다. 그동안 교회 주보에 실렸던 「목사코너」의 글들을 정리하여 한 권의 책으로 만들어 교회 앞에 내어놓게 된 것입니다.

문장 형식도 제대로 갖추지 못했고 편집의 원칙도 따르지 못했을 뿐만 아니라 남의 글들을 인용한 것도 그 진위를 사실하여 확인하지도 못했습니다. 그냥 은혜로운 글들을 인용했고 평범한 목회자의 입장에서 글을 썼으며 읽기 좋게 편집했습니다.

이 글이 예수 그리스도를 따르는 모든 성도님들과 일선에서 목양하는 목회자들에게 조금이나마 도움이 되었으면 하는 바램입니다.

출판을 위하여 기도해 주시고 밀어주신 반석제일침례교회 성도 여러분과, 사랑하는 아내와 세 아들들에게도 고맙다는 말을 전합니다.

그리고 출판을 쾌히 허락해 주신 누가출판사 정종현 목사님께 감사의 뜻을 전하는 바입니다.

2016. 10. 이유진 목사

1부

마음의
노래

여성의
아름다움

많은 여성들이 아름다워지고 싶은 욕망을 가지고 있습니다. 여든 살 된 할머니라도 염색을 한다든지 분을 바른다든지 하여 아름다움을 잃지 않으려 노력합니다. 어린아이가 되었든지 어른이 되었든지 간에 예쁘다 하거나 아름답다는 말을 듣기를 아주 좋아합니다.

한 남편이 아내에게 미인이라는 말을 자주 사용합니다. 사람들이 닭살 돋는다고 핀잔을 주면 "그래야 밥을 얻어먹지요." 하며 얼버무립니다. 아내도 빈말일지라도 미인이라는 말에 "고맙다"고 하며 진짜 미인이 된 양 폼을 잡습니다. 아마 이 부부는 그렇게 서로의 사랑을 더 든든하게 만들어가고 있는 중일 것입니다.

그런데 정작 아름다움이 어디서 오는지 모른다면 문제가 됩니다. 진정한 여성의 아름다움은 외모에 있지 않고 여성다운 인격에 있습니다.

여성다운 인격은 그 여성이 얼마나 예술적이냐에 따라 그 가치가 인정됩니다. 전문가가 되라는 말은 아닙니다. "음악과 꽃을 싫어하는 여자와는 결혼하지 말라"는 말이 있습니다. 좋은 책을 읽는 것은 마음을 넓혀주며, 교양을 더해 줍니다. 일 년 열두 달단 한 권의 책도 읽지 않는다면 그 여성에게서 무엇을 더 기대할수 있을까요?

아름다운 여성이라면 여호와를 경외하는 믿음이 있어야 합니다. 하나님을 의지하지 않고 자기 소신대로 사는 여자는 결국, 시들은 꽃이 되고 맙니다. 이세벨의 외모는 절색 미인이었으나 그를 가리켜 아름다운 여자라 하지 않습니다. 수산 궁에 에스더는 여호와를 경외하는 믿음으로 말미암아 그의 아름다움을 더욱 돋보이게 했습니다. 믿음이 없는 자를 "바람에 밀려 요동하는 바닷물결"같다고 성경은 말씀했습니다.

여성은 보고 느끼는 직관력이 아주 뛰어납니다. 그러나 이 직관력을 지혜롭게 다룰 줄 아는 여성이 되어야 합니다. 하와는 보고 느낀 대로 행하다가 사탄의 올무에 빠지고 말았습니다.

옷이나 머리, 살림살이 등에 관심을 두는 것만큼, 교양에 관심을 쏟으며, 화장하는 데 시간을 보냄같이 삶의 의미를 생각하고, 저녁 반찬 마련하는 노력만큼 믿음 얻기를 애쓰는 여성이라면 삶에 많은 변화를 가져올 것입니다.

더 좋은 것을!

구약성서 창세기에서 최초의 여자는 남자의 갈비뼈로 만들었다고 기록하고 있습니다.

로마의 황제가 어느 날 유대의 랍비(선생)의 집을 방문하여 유대의 하나님에 대해 이야기하게 되었습니다. 황제가 먼저 질문을 했습니다.

"유대의 신(하나님)은 도둑이요. 어째서 남자가 잠들고 있을 때 남자의 허락도 받지 않고 갈비뼈를 훔쳐간단 말이오?"

황제의 질문에 랍비는 무엇이라 대답했을까요? 랍비는 "당신의 하나님은 도둑이요."라고 말한 데 대해서는 대답지도 않고 "황제님! 당신의 부하 중에 유능한 부하 한 사람만 선발해 주실 수 있습니까? 제게 지금 조금 곤란한 문제가 생겨서 그걸 좀 조사해 보려 합니다." 하자 황제는 "그건 어렵지 않지만 그 조사해 보고자 하는 일이 무엇인가?"라고 물었습니다.

"그게 이상한 일입니다. 어젯밤에 도둑이 들어와 별로 가치 없는 조그마한 금고를 하나 훔쳐 가고 아주 귀한 금 그릇을 하나 놓고 갔습니다."

"그것 참 부럽군. 그런 도둑이라면 내게도 들어왔으면 좋겠는데!"

"그럴 겁니다. 하나님께서는 갈비뼈 하나를 훔쳐갔지만 아담에게 아주 귀한 이브를 남겨 두시지 않았습니까?"

이 이야기는 탈무드에 나오는 이야기이지만 사실 하나님께서는 지금도 우리에게 십일조를 요구하시고 풍성한 축복을 약속하셨고, 칠일 중에 하루를 요구하시고 엿새 동안 평안을 주신 것에 감사해야 합니다.

지성인의 고사

1983. 3. 12. 일자 조선일보 9면에 이런 기사가 실렸습니다.

"한국 야구 위원회는 11일 오전 잠실야구장에서 야구 위원회 총재
와 야구 협회장 등 프로, 아마추어 야구 관계자 일백여 명이 모인
가운데 올해 야구 번창을 비는 고사를 지냈다."

이 고사는 매년 이맘때면 연례행사로 열리는데 술과 돼지머리
를 차려 놓고 큰절을 한다고 합니다. 만물의 영장인 사람들이 입
을 커다랗게 벌린, 그것도 죽은 돼지 머리 앞에 넙죽 엎드려 큰절
을 한 꼴입니다. 절을 하는 자는 절을 받는 자보다 높은 자가 아닙
니다. 그렇다면 한국 야구 위원회 총재 이하 고사를 지낸 지성인
모두는 돼지만도 못한(?) 인간 이하의 사람일 수밖에 없습니다.

위로 하늘에 있는 것이나 아래로 땅에 있는 것이나 땅 아래 물속에 있는 것의 아무 형상이든지 만들지 말며 그것들에게 절하지 말며… 출 20:4-5

입이 있어도 말하지 못하며 눈이 있어도 보지 못하며 귀가 있어도 듣지 못하며…… 그것을 의지하는 자가 다 그와 같으리로다 시 115:5-8

1974년 서울의 대동맥인 지하철 공사를 시작할 때도 서울 시장 이하 관계 직원들이 돼지 머리 앞에 넙죽 엎드려 재난이 없도록 빌었습니다. 그러나 지하철 공사장에서는 사고가 끊이지 않았고 생명을 앗아간 아픔의 상처는 지금도 아물지 않고 있습니다.

살아 계신 하나님을 섬기고 경외하는 백성이 되어야 합니다. 하나님만이 복을 주실 수 있는 복의 근원임을 깨달아야 합니다. 그리고 그분 앞에 무릎을 꿇어야 합니다.

천사와
마귀

이태리의 화가요, 조각가이며, 건축가였던 '레오나르도 다빈치'가 그의 명작 '최후의 만찬'을 그릴 때의 일입니다. 그는 오랫동안 그리스도의 모델을 찾다가 로마의 어느 성가대원 중에서 한 청년을 발견했습니다. '삐에트로 반디넬리'^{Pietr Bandinelli}라는 사람으로 그의 아름다운 용모나 신앙생활은 모델에 적격이었습니다. 그래서 그를 모델로 하여 예수님을 그렸고, 또 다른 제자들도 그렸습니다.

그런데 가룟 유다가 문제였습니다. 죄로 괴로워하고, 불안해하는 사람을 찾으려고 무던히 애쓰다가 십여 년이란 세월이 지났습니다.

그러던 어느 날 로마 거리에서 한 징그러운 거지를 만났는데 첫눈에 가룟 유다 상이었습니다. 몹시도 괴로워하며 불안해하는 그 사람을 모델로 하여 그림을 다 그리고 돈을 주면서 이름을 물었더니, '뻬에트로 반디넬리'라고 하면서 십여 년 전에 당신이 나를 모델로 하여 예수를 그렸다고 했습니다.

신앙생활을 잘하고 의롭게 살 때 예수같이 보이던 청년이 타락하여 죄 가운데 거하게 되자 가룟 유다 같이 되어버린 사실을 우리는 어떻게 받아들여야 할까요?

"의는 인간을 천사로 만드나 죄는 인간을 악마로 만든다"는 말이 있습니다. 의의 기준은 무엇일까요? 의는 하나님 말씀에 순종하는 것입니다. 하나님 말씀에 불순종하여 타락한 천사가 마귀라면 우리들도 타락하지 말아야 할 것이 분명합니다.

어느 날 갑자기 타락하지 않습니다. 조금씩 조금씩 우리가 의식하지 못한 채 타락합니다. 자기 자신을 돌아보아 지금 어디에서 있는가를 확인해야 합니다. 그리고 주님께로 거슬러 올라가야 합니다.

듣는
은혜

예수쟁이라는 별명이 어떤 의미로는 '예수 전문가'라는 말이기도 합니다. 그러나 그보다는 '예수쟁이 하면 말쟁이'라는 인식이 더 많음은 무엇 때문일까요?

변화산에서 하나님의 음성이 있었습니다. "너희는 저희 말을 들으라"눅 9:35고 하셨습니다. 사도 바울은 로마서를 통해 "믿음은 들음으로"라고 했고, 시편 기자는 "너희는 잠잠하여 내가 여호와인줄을 알라"시 46:10고 하였으며, 하박국 선지자는 "여호와께서 그 성전에 계시니 온 천하는 그 앞에서 잠잠할지니라"합 2:20 하였으며, "복 있는 사람은 여호와의 율법을 즐거워하며 그 율법을 주야로 묵상하는 자로다."시 1:2 하였으니 말하는 것보다 듣는 것이 더 유익함을 알 수 있습니다.

어느 여인이 자신이 다니고 있는 교회가 사랑이 없고 냉랭하여 그 교회 나가는 것을 그만 두려고 하던 찰나에 우연히 극동방송을 듣다가 "너 거기 서 있는 곳은 거룩한 땅이니라"는 성경 말씀을 듣고 깊은 감동과 깨달을 받아 냉냉한 교회에서 '먼저 사랑을 베풀어야겠다.' 생각하고는 교회에 열심히 다니며 사랑을 나누는 자가 되었다고 합니다. 방송에서는 아무 해설도 없이 그냥 성경을 낭독했을 뿐인데 그 말씀을 듣고 은혜를 받은 것입니다.

우리는 소리 내서 하는 기도는 잘합니다. 그러나 하나님 말씀을 듣고 묵상하는 것에는 서툽니다. 말씀을 묵상하는 습관을 가져야 합니다.

한 계단
아래로

미국 인디언의 어떤 부족은 추장의 딸이 성숙해지면 지정된 옥수수밭 고랑에 서서, 한 번 내디딘 걸음은 결코 후퇴해서는 안 되고, 한 번 쳐다본 옥수수는 다시 쳐다보아서도 안 되는 규정을 지키면서 그 고랑에서 제일 큰 옥수수를 따오는 특별한 교육을 시킨다고 합니다.

그런데 대부분의 추장 딸들은 옥수수를 따지 못하고 밭고랑 끝까지 온다고 합니다. 이유인 즉, 큰 옥수수가 눈에 뜨일 적마다 좀 더 큰 옥수수가 다음에 있을 것 같아 따지 않고 지나치다 보면 벌써 밭고랑 끝에까지 오게 된다고 합니다. 아무거나 따자니 지나친 것보다 너무 작아 속상해서 따지 못하고 빈 바구니만 들고 밭고랑 끝에 서게 된다는 것입니다.

추장의 딸은 신랑감을 놓고 모든 총각들 가운데서 자신의 신랑감으로 고를 수 있는 권한이 있지만 막상 신랑감을 고르려니 고르지 못하고 노처녀가 되어 버리기 때문에 옥수수 따기 인생 공부를 통해 자기 자신을 낮추는 훈련을 한다고 합니다.

이상적인 최선보다는 현실적인 차선이 더 나을 것이고, 행하지 못할 최선보다는 행할 수 있는 차선이 더 바람직할 것입니다.

높은 데 마음을 두지 말고 도리어 낮은 데 처하며 스스로 지혜 있는 체 말라 롬 12:16

마음의
노래

세계적으로 유명한 바이올린 제조업자 안토니오 스트라디바리우스_{Antonio Stradivarius}는 음악을 사랑하면서도 노래를 잘 못했고 그렇다고 악기를 잘 다루는 재능을 가진 것도 아니었습니다. 그래서 바이올린 제조업자 아마티_{Amati}에게 그의 심정을 이야기했습니다.

그러자 아마티는 "중요한 것은 마음의 노래야. 마음에 노래만 있으면 그것을 표현하는 방법은 얼마든지 있지. 입으로 노래를 부르고, 악기를 연주하는 것도 좋은 표현이지만 나처럼 악기를 만들면 다른 사람이 노래하잖아. 땅에 꽃을 심고 가꾸면 지나가는 사람들이 꽃을 노래하고 시도 쓰게 되지. 너도 음악을 할 수 있어. 음악을 하는 사람에게 음악을 할 수 있도록 해 주는 것도 음악이라고 말할 수 있지."하며 그를 격려해 주었습니다.

　이 말을 듣고 힘을 얻은 안토니오는 노래하는 마음으로 바이올린을 만드는 기술을 익혀 마침내 세계적인 바이올린 제조업자가 되었고, 그가 만든 바이올린으로 수많은 음악인들이 음악을 하게 되었습니다.

　일꾼에게 일을 할 수 있도록 뒷받침을 해 주는 것도 일입니다. 아주 큰 일입니다. 전도자를 돕는 것이 곧 전도이며 선교사를 돕는 것이 곧 선교입니다. 목사로 하여금 즐겁게 목회를 하도록 돕는 일이 주의 일을 하는 것이며, 다른 사람들로 하여금 신앙생활을 잘하도록 도와주는 것이 또한 신앙생활을 잘하는 것입니다.

섬기는
즐거움

역사가 '카일라일'은 기독교의 가장 두드러진 특색은 겸손이라고 지적한 바 있습니다.

겸손을 미덕으로 내세우는 종교는 기독교가 아니라도 있습니다. 그러나 기독교는 겸손을 생명으로 여길 만큼 큰 것으로 여깁니다. 그것은 예수 그리스도의 생활 전부가 겸손이었기 때문입니다.

겸손한 자는 섬길 수 있습니다. 그런데 겸손이란 남을 위한 삶의 모습이지 자신의 교양이 되는 것은 아닙니다. 매일 아침 거울 앞에서 자신의 모습을 비추면서 겸손의 덕을 쌓는다고 겸손해지는 것은 아닙니다. 수양을 통해서 인내심을 기르고 지식을 터득할 수는 있어도 겸손해질 수는 없습니다.

염소가 양같이 순해질 수 없는 것과도 같습니다. 그래서 사도 바울은 "사람이 의롭게 되는 것은 율법의 행위에 있지 아니하고 듣고 믿음으로 됩니다." 했습니다.

하나님이 베푸신 사랑을 받은 자가 겸손해집니다. 그 겸손함으로 섬길 때 섬기는 자는 즐겁고, 받는 자는 감동이 되는 것입니다.

우리가 옆 사람의 더러운 발을 씻어 주어야 할 의무나 이유는 전혀 없습니다. 그의 발이 나의 사랑하는 예수님의 발이라고 믿어질 때 그의 발을 씻겨주고 싶은 마음이 생기기 때문에 그의 발을 씻겨 내게 즐거움이 되는 것입니다. 이것이 섬기는 즐거움입니다. 훌륭한 분을, 너무나 훌륭한 그분을 사랑하기 때문에 그분을 섬긴다는 것은 언제나 가슴 벅차도록 즐거운 일입니다. 겸손한 자는 섬기는 자입니다. 그에게 사랑이 있고 기쁨이 있습니다.

단 하나라도!

이솝이야기 중에 이런 이야기가 있습니다.

동물들이 모여 "누가 한꺼번에 새끼를 제일 많이 낳는가?"에 대한 입씨름이 벌어졌습니다.

이리가 먼저 "난, 다섯은 낳소."하고 뽐내자 들쥐가 말하길 "난, 아홉은 낳소."라고 자랑하였습니다. 그때, 돼지가 나서서 "그까짓 아홉 가지고 무얼 자랑이라고 해요. 난 열세 마리 낳소." 하며 배를 쑥 내밀어 자랑하자 모든 동물은 입을 벌려 감탄하였습니다.

그때, 밀림의 왕자 사자가 나타나자 모두들 사자는 몇을 낳았느냐고 물었습니다.

사자는 "새끼 말인가, 난 언제나 하나를 낳소."라고 말하자 모든 동물들은 "겨우 하나를…." 하며 사자를 별거 아니라고 생각했습니다.

그러자 사자는 "난 하나를 낳지만 동물들의 왕이 될 만한 훌륭한 새끼를 낳소."라고 엄숙하고도 장엄한 한마디를 남기고 뒷짐을 지고 어슬렁어슬렁 걸어갑니다. 이리도, 들쥐도, 돼지도, 코가 쑥 들어간 것은 말할 나위 없었습니다.

무엇을 말하는 것일까요? 자랑할 만한 것을 자랑해야 하지 않을까요? 남편 자랑, 자식 자랑, 새 자동차 자랑, 돈 자랑 … 그런 것들은 자랑거리가 되지 못합니다.

사실 그리스도인은 믿음 있는 것을 자랑해야 합니다. 선교하는 것을 자랑해야 합니다. 하나님이 함께 하심을 자랑해야 합니다.

자랑하는 자는 주 안에서 자랑할찌니라 고후 10:17

백 년 후에
꽃피는 나무

프랑스 루이리오페이 장군의 전기에 보면 이런 이야기가 있습니다.

루이 장군은 어느 날 정원에 나무를 심고 싶은 생각이 들어 '식물도감'을 펴들고 예쁜 꽃나무 하나를 골라 정원에 심도록 정원사에게 부탁했습니다.

그랬더니 정원사가 "장군님, 그 나무는 백 년 후에나 꽃이 피는 나무입니다. 다른 꽃나무를 선택하시지요." 합니다.

그러자 루이 장군은 "그렇다면 오늘 당장 그 꽃나무를 구입하여 심으라." 명령했다 합니다.

일 년이나 십 년 후가 아니라 백 년 후에야 겨우 꽃을 보게 될 나무를 오늘 당장 심는 마음의 자세가 필요합니다.

우리가 행복하지 못한 이유 중 하나는 장래 일을 생각지 않고 당장 눈앞의 이익만 추구하기 때문입니다. 당장에 돈을 버는 길, 당장에 출세하는 길만 추구하다 보면 사람은 바른 길을 잃고 마침내는 패망하고 마는 것입니다. '자손만대'라는 말을 우리는 곧잘 하지만, 입으로만 자손만대이고 그 실천은 하지 못합니다.

성경은 우리에게 자자손손 복을 받는 길을 제시하고 있습니다. 여호와 하나님을 경외하고 자녀들에게 부지런히 그 법도를 가르치라는 것입니다. 고난과 역경 중에도 '여호와를 섬기는' 믿음의 씨를 뿌리는 자는 반드시 그 열매를 거둡니다. 백 년 후에 꽃피는 나무를 심는 마음가짐이 우리에게도 있어야 하겠습니다.

강아지 똥

아동문학가 권정생의 작품 중에 "강아지 똥"이란 글이 있습니다.

강아지가 풀밭에 누고 간 강아지 똥은 봄비에 맞아 잘게 부서지고 녹아져 땅속으로 스며들어 민들레 뿌리로 모여 들었습니다.

봄이 한창인 어느 날, 민들레는 한 송이의 아름다운 꽃을 피웠습니다. 향긋한 향기가 바람을 타고 퍼져 갑니다.

방긋 웃는 꽃송이에는 귀여운 강아지 똥의 눈물겨운 사랑이 가득 어려 있습니다.

더럽고 냄새나는 강아지 똥은 그 형체를 부서뜨리고 녹여 민들레 꽃 뿌리에 스며들어 아름다운 꽃을 피울 수 있는 밑거름이 된 것입니다.

하나님은 쓸데없는 그 무엇 하나도 만들지 않으셨습니다. 강아지 똥까지 아름다운 꽃향기로 쓰임 받게 하셨습니다. 문제는 자기 자신이 어떻게 부서지느냐입니다. 부서지고 녹아질 때 우리는 하나님 뜻대로 쓰임을 받을 수 있습니다. 야곱의 고난이나 요셉의 고난이 결코 우연이나 숙명이 아닙니다. 하나님 앞에 쓰임 받기 위한 과정은 교만이나 세상 지식 등의 바벨탑이 무너지고 부서질 때 새로운 창조의 아름다움이 됩니다.

봄이 한창인 어느 날,
민들레는 한 송이의
아름다운 꽃을 피웠습니다.
향긋한 향기가
바람을 타고 퍼져 갑니다.

친구

　유대인들은 세 종류의 친구가 있다고 생각합니다. 첫째는 음식과 같은 친구로서 매일매일 빠져서는 안 될 친구이고, 둘째는 약과 같은 친구로서 이따금씩 있어야 하는 친구입니다. 그리고 셋째는 병균과 같은 친구로서 피해야만 하는 친구입니다. 우리는 좋은 친구를 가져야 하겠고 또 좋은 친구가 되어 주어야 하겠습니다.

　친구와의 우정은 무척 아름다운 것입니다.
　유대인의 속담에 "바늘구멍이라도 두 사람의 친구가 빠져나가기에는 좁지 않지만 원수가 되어버린 친구는 온 세상도 너무 좁다."라는 말이 있습니다.

예수님께서는 친구를 위하여 자기 목숨을 버리면 이에서 더 큰 사랑이 없다고 요 15:13 말씀하셨고 또 어떤 친구는 형제보다도 더 친밀하다고 잠 18:25 하셨습니다. 좋은 친구가 많이 있는 사람은 복 있는 자입니다.

그러나 친구는 자기 소유가 아니며 우정을 주었다고 그 대가를 바라지 말아야 합니다. 예수님께서는 자기를 따르는 자들을 친구라 하였습니다. 그리고 그 친구를 위하여 목숨을 버리신 참 친구이십니다.

만남

만남은 참으로 중요합니다. 꼭 만나야 할 사람이 있고 만나서는 안 될 사람도 있습니다. 서로가 잘못 만나 평생을 다투고 싸우며 사는 부부도 있고, 스승을 잘못 만나 학업의 진로를 망친 사람도 있고, 의사를 잘못 만나 병 고치려다 평생 불구된 사람도 있고, 친구를 잘못 만나 사기당한 사람도 있습니다.

그런데 우리 인생길에서 참으로 꼭 만나야 할 분이 있습니다. 그분은 예수 그리스도이십니다. 성경에 38년 된 병자가 예수를 만남으로 고침을 받았고 _{요 5:5-8}, 열두 해를 혈루증으로 앓아 많은 의원에게 가산만 탕진했으나 예수님을 만남으로 깨끗함을 받은 여자도 있고 _{막 5:25}, 귀신들려 미치광이가 되어 무덤 사이에 거처하다가 예수님을 만남으로 온전하게 된 사람도 있고 _{막 5:1-15}, 죽어 장사 된지 사흘이나 되어 냄새가 나는 송장이 예수님을 만남으로 다시 살아난 나사로라는 사람도 있고 요 11:17-44, 세상에 소망이 없는 늙은이가 예수님을 만남으로 영생의 축복을 얻은 니고데모라는 사람도 있습니다 요 3:1-11.

인생의 전생애를 통하여 예수님을 만나지 못한 사람만큼 불행한 사람은 없습니다. 예수님과의 만남은 사망에서 생명으로 옮기 우게 되는 것이며 삶을 풍성케 하고 기쁨을 충만하게 하는 것입니다.

돈이 왜
소중할까?

하나님께서는 그의 백성들이 우상숭배에 빠지는 것을 가장 싫어하십니다. 그것은 하나님께서 우리에 대한 사랑이 크기 때문입니다. 이스라엘 백성(선택된 백성)들이 섬겼던 우상은 거의 다 눈에 보이는 신상이었습니다. 그러나 그 신상을 만들게 된 동기는 사람들 마음속에서부터 그려져 있던 것입니다.

우상이라 함은 섬김의 대상이 된다는 것입니다. 신상 앞에 무릎을 꿇는 행위, 신상을 받들어 소중하게 여기는 행위를 말합니다. 우리 조상들은 (어떤 것을 소중히 여기는 것을 보면) "신주 단지 위하듯 한다!" "보살 위하듯 한다!" 하는 말을 합니다.

오늘날 그리스도인들에게 가장 큰 우상은 무엇일까요? 아세라 목상이나 바알 신상이 아니라 '돈'이 우상이 되었습니다.

한 사람이 두 주인을 섬기지 못할 것이니 혹 이를 미워하며 저를 사랑하거나 혹 이를 중히 여기며 저를 경히 여김이라 너희가 하나님과 재물을 겸하여 섬기지 못하느니라 마 6:24

재물이라는 것이 분명 섬김의 대상이 될 수 있음을 말씀하고 있습니다. 말세가 되면 사람들은 "하나님보다 돈을 더 사랑 한다"고 했습니다 딤후 3:2.

영생에 대한 소망보다 물질이 점점 더 중요한 자리를 차지하고 있습니다. 교회에서의 설교도 물질 축복을 강조한 나머지 가난한 성도는 복을 못 받은 것같이 되어 버렸습니다. 그렇다면 사도 바울이나 베드로, 사도 요한, 주기철 목사, 손양원 목사, 이들 모두 복을 못 받은 사람들일 것입니다. 그들이 남긴 물질적 유산은 하나도 없기 때문입니다.

하나님께서 우리에게 물질의 복을 주시는 것은 '하나님의 사랑을 나타내라'고 주신 것입니다. 다시 설명하면 주님을 위해 쓰라고 주신 것입니다. 그러므로 주님을 위해 쓸 줄 아는 믿음이 있는 그리스도인이 될 때 그 가치가 있습니다.

돈이 하나님보다 우선 되어도 안 되고, 돈이 남편보다 소중해도 안 되고, 돈이 이웃의 내 형제보다 귀하게 여겨져도 안 됩니다.

교회에 헌금을 바치는 동기도 아주 순수해야 합니다. 체면 때문이라든지, 도덕관념에서라든지, (부조금 내듯이) 바칠 때 더 큰 복을 받는다는 욕심의 투자 방식이 되어서는 안 됩니다.

"많이 심으면 많이 거두고 적게 심으면 적게 거둔다"_{고후 9장}는 말씀을 악용해서는 안 된다는 것입니다. 중요한 것은 우리가 드리는 헌금의 동기가 하나님을 사랑하여 그를 기쁘시게 하기 위한 것이 되어야 하며 드림으로 오는 축복이 되어야 하는 것입니다.

우리의 삶에 있어서 물질은 하나님을 섬기고 이웃을 사랑하는 데 요긴하게 쓰이는 꼭 필요한 것이 되도록 해야 합니다.

어디로 가기를
원하십니까?

"얘 유경아, 너 하늘나라에 가면 맨 처음에 누구를 만나고 싶니?"

"선생님, 저는 하늘나라에 가지 않을 거예요."

매우 총명하고 예쁜 눈을 가진 6살 난 소녀가 조용히 대답했습니다. 깜짝 놀란 교회학교 유치부 선생님은 되물었습니다.

"왜 하늘나라에 가지 않겠다는 거지?"

"엄마랑 언니는 하늘나라에 가겠지만 우리 아빠는 못 가요. 아빠 혼자 지옥에 가면 너무 외로울 거예요. 그래서 난 아빠가 가는 곳에 가서 아빠와 같이 있어야 돼요. 난 아빠를 좋아하거든요."

유경이는 또박또박 대답을 했습니다. 선생님은 더 말을 할 수가 없었습니다. 며칠 후 유치부 선생님은 유경이의 아빠를 찾아가서 유경이가 말한 대로 전해 주었습니다. 그리고는, "유경이 아빠께서는 어디로 가실 건가요? 유경이는 어디든지 아빠만 따라 가겠대요."라고 질문했습니다. 유경이 아빠는 한참 만에 입을 열었습니다.

"내가 길을 바꾸어야지요. 내 딸이 나를 따라 지옥에 가는 것보다는 내가 딸을 따라 천국에 가는 게 더 좋겠지요? 나는 잘 모르지만… 교회에 나가겠습니다."

대개의 경우 유경이의 아빠처럼 생각 깊은 결단을 내리지 못합니다. 자녀들이 자기보다 잘 되기를 원하고 있으면서도 그 길을 제시해 주지 못하며 방법도 모릅니다. 그냥 막연하게 잘되기를 바랍니다. 그래서 공부를 많이 하게 하고 재산을 많이 물려주려고만 합니다.

그러나 생각해 보아야 합니다. 당신 자녀들이 당신같이 되기를 원하십니까? 아니면 당신이 가는 길로 당신의 자녀들이 따라오기를 원하십니까?

부모님들이여! 당신이 죽음의 문턱에 서서 당신의 자녀들에게 "나를 따라 오라!"고 말할 자신이 있습니까? 자녀들에게 어떤 유산을 물려주시겠습니까?

예수께서 가라사대 내가 곧 길이요 진리요 생명이니 나로 말미암지 않고는 아버지께로 올 자가 없느니라 요 14:6

처방전

어떤 사람이 종합병원에 진찰을 받으러 갔습니다.

"의사 선생님, 저는 매사에 신경질적입니다. 모든 하는 일마다 부딪히고 잠도 못 잡니다. 몸이 어딘가 많이 쇠약해진 것이 아닐까요?"

의사는 혈압도 재고 청진기로 가슴과 등을 진찰해 봅니다.

"선생님, 당신의 건강은 나쁜 게 아닙니다. 너무 긴장되어 있습니다."
"그러면 긴장을 완화하는 약을 처방해 주시든가 아니면 진정제 같은 것이라도 주십시오."

의사는 처방전을 써 주었습니다.

환자는 처방전을 받아 읽어보지도 않고 주머니에 쑤셔 넣고는 나가 버렸습니다. 그리고는 약국에 가서 처방전을 내놓고 처방을 요구했습니다.

"죄송합니다만, 이 처방대로 약을 지어 드릴 수 없습니다."

"이 곳은 약국이고, 당신은 약사이고, 이 처방전을 쓴 사람은 종합병원 의사인데 왜 약을 지어 줄 수 없다는 말입니까?"

"선생님, 죄송합니다. 우리 약국에는 처방전에 기록된 약을 구비해 놓지를 못했습니다."

눈이 휘둥그레진 환자는 그제서야 처방전을 들여다보았습니다. 거기에는 이렇게 쓰여 있었습니다.

"매일 성경 골로새서 3장 15절을 세 번 복용하십시오."

그는 집으로 돌아와 성경을 펴 보았습니다.

그리스도의 평강이 너희 마음을 주장하게 하라 골 3:15

그는 즉시 의사에게 전화를 걸어 물어 보았습니다.

"이 처방전은 무엇을 뜻하는 것입니까?"

"당신의 문제는 신체적인 것이 아니고 정신적인 것입니다. 당신이 필요로 하는 것은 평화입니다. 저도, 약사도, 당신에게 그것을 줄 수 없습니다. 오직 하나님만이 당신에게 그 평화를 주실 수 있습니다."

이 이야기는 미국의 어느 환자와 의사의 이야기이지만 사실 우리 모두는 하나님만이 주실 수 있는 평화를 필요로 하고 있습니다. 부요한 자나, 가난한 자나, 권력자나, 미천한 자나, 아이나, 어른이나, 다 갈등과 불안에 싸여 있습니다.

하나님만이 줄 수 있는 평화! 이 평화는 사람에 의해 만들어지는 것이 아니라 하나님께로부터 오는 선물이라는 것을 알아야 합니다. 그 선물은 이미 우리에게 주어져 있지만 미처 깨닫지 못하고 있습니다. "그리스도 예수로 말미암아"_{롬 5:1} 평화를 누릴 수 있습니다.

변화될 수 있는가?

아프리카 원주민 청년이 선교사를 찾아와 기독교인이 되겠다고 자청했습니다. 선교사는 성경의 진리와 기도하는 법을 가르쳐 주었고, 그는 열심히 잘 배웠습니다. 마침내 선교사는 그 청년에게 문답을 실시하고 물을 뿌려 세례를 주었습니다.

"이전에 너는 이교도였으나 이제는 크리스천이며, 이전에는 길고 부르기 어려운 이름을 가졌었으나 이제는 사무엘이라 하라!"

수일이 지난 후 그 선교사는 사무엘이라 이름 한 그 청년을 자신의 집에서 일하는 사람으로 고용했습니다. 마당도 쓸고 밥도 짓고 반찬도 마련하게 했습니다. 선교사는 사무엘에게 당부하였습니다.

"금요일에는 절대로 고기요리를 해서는 안 되고 육류 대신 생선으로 반찬을 만들라."

그런데 다음 금요일 아침 식탁에는 온통 육류가 가득했습니다. 화가 난 선교사는 노발대발했습니다.

"사무엘! 금요일에는 육류를 쓰지 말라고 했잖아!"

그러나 그 청년은 겁에 질려 서툰 영어로 대답합니다.

"제가 시장에 갔을 때는 이미 생선이 다 팔려 육류밖에 없었습니다. 그래서 하는 수 없이 육류를 사 가지고 왔습니다. 그렇지만 잘 될 거예요. 제가 이미 육류를 생선으로 변화되게 해 놓았으니까요."
"이 바보 같으니라고! 어떻게 돼지고기가 생선이 돼?"

선교사는 더욱 화가 나서 호통을 쳤습니다. 그러자 사무엘은 "그렇지만 선교사님, 제가 물을 떠다 돼지고기 위에다 뿌려 세례를 주며 이렇게 말했거든요. '이전에 너의 이름은 돼지고기였으나 지금은 생선이라 부를지어다.' 그러니까 내가 처음에 기독교인이 될 때 선교사님이 저에게 한 것과 똑같이 한 걸요."

이 이야기는 의식과 제도가 사람을 변화시킬 수 없다는 것을 말해 줍니다. 인간 개조를 부르짖지만 그건 사람의 힘으로 불가능한 일입니다.

요즘 문제 학생들을 특별교육을 시켜 새 사람을 만들어 보겠다고 교육부 당국이 발표를 했습니다. 그러나 그건 시작부터가 잘못되었습니다. 누가 누구를 교육시키겠다는 말입니까? "내가 문제된 학생들을 교육시켜 보겠습니다." 라고 나서는 사람이 있다면 그는 먼저 하나님 앞에 서야 할 것입니다.

인간의 본성이 변화되지 않는 한 인간은 변화되지 않습니다. 어른이 되어 거룩한 척하지만 그 속에는 악이 가득 차 있습니다. 하나님만이 인간을 인간되게 합니다. 그리스도 예수 안에서 새 사람이 될 수 있습니다. 그러므로 이 나라의 위정자들을 위시해 모든 지도자들이 진실한 크리스천이 될 때 문제 학생들을 선도할 수 있을 것입니다.

그런즉 누구든지 그리스도 안에 있으면 새로운 피조물이라 이전 것은 지나갔으니 보라 새것이 되었도다 고후 5:17

흙에서

흙이 아니고서 어디서 쌀 한 톨, 고기 한 근이 생기겠습니까? 우유는 마시면서 그 우유가 어떻게 생산되며 무엇을 먹고 젖소가 자라는지 모릅니다. 가나안 농군학교 교장이셨던 고 김용기 장로님의 말을 빌려보면 아주 이상적인 직장이 있습니다.

- 정년퇴직이 없는 직장
- 출퇴근 시간에 구애받지 않는 직장
- 남녀노소 구별치 않는 직장
- 일한 것만큼 능력별 수당이 지급되는 직장
- 남에게 간섭받지 않고 '사장' 대우를 받는 직장

이 얼마나 좋은 직장입니까? 그 직장은 "농업"입니다. 그러나 현실은 고등교육을 받은 지성인들이 외면하여, 농촌에는 사람이 살지 않는 빈 집이 늘어가고, 혹은 버려져 잡초만 무성한 논밭이 늘어간다 하니 문제가 아닐 수 없습니다.

우리는 세계적인 강대국으로 미국을 들고 있습니다. 그 강대국이란 '살인'무기를 얼마나 강한 것을 보유하고 있느냐 하는 것으로 결정되지 않습니다. 실제적인 강대국은 얼마나 많은 '식량'을 보유하고 있느냐 하는 것으로 결정됩니다.

식량은 땅에서 생산합니다. 그래서 전쟁은 땅뺏기 싸움입니다. 그렇다면 우리나라가 강대국이 되려면 도시의 땅값보다 농촌의 땅값이 더 비싸야 하고 군인이나 공무원보다 농부들이 더 좋은 대우를 받아야 합니다. "그것이 가능한가?"라고 반문해서는 안 됩니다. 외채를 줄이고 우리가 살아남을 수 있는 유일한 길은 농촌을 부요하게 하는 것입니다. 농업에 종사하는 분들이 인격적인 대접을 받을 수 있는 길이 정치적인 면에서 제도적으로 마련돼야 합니다. 고추장, 된장까지 수입하도록 내버려 둬서는 안 됩니다. 깊이 생각해야 합니다.

우리 모두는 흙으로 지음 받았기에 흙으로 돌아가야 할 사람들입니다. 흙을 사랑해야 합니다.

생각하라!
어찌 오늘만 날이겠는가?

영리한 짐승일수록 제 주인을 잘 알아보고 아양을 떨다가도 긴박한 상태가 벌어지면 짐승의 본능을 들어냅니다. 아무리 영리해도 개는 개이고, 고양이는 고양이지 그 이상이 될 수 없습니다.

소크라테스 Socrates, BC470-399 라는 사람을 우리는 잘 알고 있습니다. 그는 얼굴이 잘 생긴 것도 아니고, 말을 잘하는 사람도 아니고, 글을 잘 쓰는 것도 아니었으며, 돈 많은 사람도 아니었습니다. 그렇다고 무슨 높은 벼슬을 한 사람도 아닙니다. 다만 한 가지 소크라테스는 생각을 매우 깊게 한 사람입니다. 그래서 인류 역사에 손꼽히는 거장이 되었습니다.

"너 자신을 알라!"

이것이 동물과 인간을 가름하는 근본이 된 것입니다.

생각 Think 을 깊이 하면 사상가 Thinker 가 됩니다. 생각이 깊을 때 사람이 사람다워집니다. 플라톤 Platon, BC427-347 은 "생각하는 사람이 정치를 해야 세상이 바로 된다"고 했습니다. 10년 앞도 내다보지 못하고 교육정책을 바꾸었다가 잘 안 되면 장관이야 물러나면 되지만, 인간의 가치와 개성이 무시된 채 자라난 청소년들의 미래는 어디서 보상을 받을 것이며 나라의 장래는 또한 어찌될까요?

채찍에 맞으시고, 가시관을 쓰시고, 흐르는 피를 닦지도 못한 채 골고다 언덕을 올라 십자가에 처형당하신 그리스도 예수는 왜 그 길을 마다하지 않고 걸어가신 것일까요?
신약성서 히브리서 3장 1절에서는 "예수를 깊이 생각하라!" 권면하고 있습니다. 골로새서 3장 2절에서는 "위에 것을 생각하고 땅에 것을 생각지 말라"고 가르치고 있습니다.

눈앞에 것만 생각하는 옹졸한 사람이 되지 말아야 할 것입니다. 십 년 아니 백 년보다 더 먼 영원한 미래를 내다보면서 깊이 생각하는 사람이 되어야 할 것입니다.

　아무리 추운 겨울이라 하더라도 봄은 반드시 오고, 아무리 캄캄한 밤일지라도 아침이 다시 온다는 것을 기억해야 합니다. 기다려야 합니다. 믿고 기다려야 합니다. 천국의 아침이 밝아오고 있습니다.

"위에 것을 생각하고
땅에 것을 생각지 말라"

2부

보석보다
더 귀한 사랑

사랑 이야기

탈무드에서는 사랑에 대해 많은 교훈을 하고 있습니다.

- 사랑은 쨈이다. 그러나 쨈은 빵과 함께 먹어야 제맛이 나는 것처럼 사랑은 인생과 함께 해야 사랑의 맛이 나는 것이다.

- 사랑은 정열 때문에 있는 것이다. 그러나 정열은 결혼만큼 오래 가지 못한다.

- 신혼여행은 일주일이면 끝난다. 그러나 결혼생활은 일주일로 끝나지 않는다.

사랑은 감정에서 비롯되지만 감정만 있고 생활이 없으면 사랑은 사랑되지 못합니다. 한 여자가 랍비(유대의 선생)에게 와서 물었습니다.

"랍비님, 당신은 모든 것을 알고 계시나니 묻겠습니다만 만일 아담이 에덴동산에서 외박을 하고 돌아왔다면 하와가 어떻게 했을 것 같나요?"

하기야 에덴동산에는 아담과 하와밖에 없었으니 외박을 했다 해서 무슨 탈이 있을까마는… 랍비의 대답입니다.

"하와는 당장에 아담의 웃옷을 벗겼을 것이요. 그리고 갈비뼈를 세어 보았을 것이요."

하와는 아담의 갈비뼈로 만들어졌으니 만약 하나라도 없어졌다면 하와 말고 또 다른 여자가 있으리라는 '질투심'을 말한 것입니다. 사랑이 있는 곳에 질투도 있게 마련입니다. 사실 질투는 무서운 것입니다. 분노나 싸움, 살인까지 가져오는 것이 질투입니다. 질투는 애정의 기준이 되기도 합니다. "시샘하지 않는 여인은 진심으로 사랑하고 있지 않는 것입니다."라는 말이 있습니다. 적당한 질투는 있어야 하겠지만, 하나님을 닮은 헌신이 있어야 참된 사랑이 될 수 있음을 꼭 기억해야 하겠습니다.

사랑의
기쁨

사랑하기 때문에 슬프다면 그건 사랑이 아닙니다. 사랑은 기쁨입니다. 사랑의 기쁨은 기쁜 척해서 되지 않습니다. 마음속에서 샘솟듯 기쁨이 흘러넘쳐야 합니다.

유명한 희극배우 '채플린'은 일생동안 많은 사람들을 웃겼지만 그가 세상을 떠나면서 남긴 말은 아주 뜻밖입니다.

"나는 숱한 사람을 웃겼습니다. 그러나 정작 나 자신은 마음으로부터 기뻐하여 웃어본 적이 한 번도 없습니다."

사랑은 다른 사람을 기쁘게 하고 나도 기뻐야 행복합니다. 사랑에는 근심이나 슬픔이 자리할 여지가 없습니다. 신약성서 고린도전서 13장 6절에 "사랑은 진리와 함께 기뻐한다"고 했습니다. 기쁨은 사랑이 '진리와 함께' 있을 때 오는 것입니다.

　진정한 기쁨은 함께 나눌 때 옵니다. 도박이나, 남의 것을 빼앗거나, 속임으로 오는 것들을 기쁨이라 할 수 없습니다. 기쁨은 함께 기뻐하는 것입니다. 함께 기뻐하는 사람들 중에는 인심이 좋아서 일까 술을 자꾸 권하기도 합니다. 혼자 취하면 재미가 없어서 입니다. 같이 취해야 기분이 나고 즐겁다고 생각하기 때문입니다.

　그러나 참된 기쁨은 상대방을 기쁘게 하고서야 내가 기뻐할 수 있는 것입니다. 남편을, 아내를 기쁘게 하고서야 내가 기뻐할 수 있는 것이며, 자식을, 부모님을 기쁘게 하고서야 내가 기뻐할 수 있는 것입니다. 사랑은 진리와 함께 기뻐합니다.

　진리는 거짓이 없습니다. "내가 곧 길이요 진리요 생명이라"고 말씀하신 주님을 생각해야 합니다. 참된 사랑은 그리스도 예수 안에서 얻어집니다. 남을 기쁘게 하고 나도 함께 기뻐하는 것, 그것이 사랑입니다. 우리 예수님이 그렇게 하셨습니다.

사랑의 고백
찬양!

우리에게 가치가 있어서 하나님이 우리를 사랑하시는 것이 아닙니다. 다만 하나님이 우리를 사랑하셨기 때문에 우리는 가치 있는 존재로 여김을 받았을 뿐입니다.

간혹 외국의 유명인사의 연애편지가 높은 가격으로 경매장에서 팔렸다든지, 어느 스타가 치던 낡은 기타가 엄청난 값으로 팔렸다든지 하는 소식을 듣습니다. 그 물건에 가치가 있다기보다는 그 유명인이 사랑했던 물건이라는 데 의미가 있는 것입니다. 하물며 하나님의 사랑이 폭포수같이 쏟아 부어진 우리들이야말로 우주에서 가장 값진 존재인 것입니다.

우리가 하나님의 사랑을 받고 있다면 그것은 곧 사탄의 공격

대상이기도 합니다. 하나님과 원수 된 사탄은 우리가 하나님의 사랑을 받고 있다는 그것 하나만으로도 미움과 공격의 대상이 됩니다. 우리가 하나님을 사랑하고 찬양한다면 사탄의 일차적 공격의 대상이 되고도 남습니다. 그러나 하나님께서 우리와 함께 하시기 때문에 걱정할 필요는 없습니다.

찬양은 우리가 하나님을 사랑한다는 고백이며 헌신의 표시입니다. 그렇기 때문에 찬양이 있는 성도는 하나님과 함께 있는 것이며 이는 세상을 이기신 예수님과 함께 있는 것입니다. 마치 견고한 성 안에 있는 것과도 같습니다.

사탄이 공격을 포기하는 대상은 전혀 찬양을 하지 않거나 늘 찬양하는 사람입니다. 전자는 공격할 가치가 없는 사람이고 후자는 공격할 틈이 없는 사람입니다. 당신은 어느 쪽의 사람입니까?

입술에서 미지근한 찬양이 가끔씩 있는 사람이라면 그건 사탄의 노리갯감입니다. 전심으로 주를 찬양함으로 사탄이 공격을 포기하도록 해야 합니다. 찬양은 하나님과 더불어 즐거워하는 것이며 사랑의 확인입니다. 찬양은 기쁨을 충만케 하는 것이며 모든 좋은 것을 가득 채우게 하는 것입니다.

사랑받는
아내

나폴레옹은 "어진 아내는 마음을 기쁘게 하고 예쁜 아내는 눈을 즐겁게 한다."고 말했고, 구약성서 잠언에서는 "자기 할 일을 부지런히 찾아 행하며 여호와를 경외하는 아내를 칭찬받는 현숙한 여인"이라고 하면서 그런 여자를 얻는 것은 그리 쉽지 않다고 했습니다.

누가 현숙한 여인을 찾아 얻겠느냐 그 값은 진주보다 더하니라 그런 자의 남편의 마음은 그를 믿나니… 잠 31:10

그런데 어질지도, 예쁘지도, 부지런하지도, 여호와를 경외하지 못하는 여자가 많습니다. 그런 아내와 함께 사는 남편은 평생 근심으로 살게 됩니다. 그 이유는 하나님께서 여자를 만들 때 남자의 갈비뼈로 만들었기 때문입니다.

> 어진 여인은 그 지아비의 면류관이나 욕을 끼치는 여인은 그 지아
> 비로 뼈가 썩음 같게 하느니라 잠 12:4

가장 아프다는 표현을 할 때 살이 썩고 뼈마디가 녹아내리는 것 같다고 합니다. 뼛골이 쑤시는 아픔을 경험하지 않은 자는 이해하지 못합니다. 아내의 말 한마디가 남편으로 하여금 뼈마디를 썩게도 살아나게도 합니다.

아내가 남편을 대할 때 하나님께 대하듯 해야 합니다. 왜냐하면, '남자의 머리는 그리스도요 여자의 머리는 남자요 그리스도의 머리는 하나님'이시기 고전 11:3 때문입니다. 뿐만 아니라 "남자가 여자에게서 난 것이 아니요 여자가 남자에게서 났으며 또 남자가 여자를 위하여 지음을 받지 아니하고 여자가 남자를 위해 지음을 받은 것이니…" 고전 11:8-9 라고 했기 때문입니다.

그러나 결코 여자는 남편의 종이 아닙니다. 여자는 "살 중의 살이요 뼈 중에 뼈" 창 2:23 라고 했습니다. 세상이 주는 부귀영화, 명예 등 그 어떤 것보다 자기 남편으로부터 사랑받는 아내가 되어야 합니다. 그것이 행복입니다.

결혼이란?

결혼이란 무엇일까요? 인류가 고심하며 연구해 왔지만 사람마다 풀이나 견해가 다릅니다.

결혼은 새장과 같은 것입니다. 밖에 있는 새들은 쓸데없이 그 속으로 들어가려 하고, 속에 있는 새들은 쓸데없이 새장 밖으로 나가려고 애쓴다. - 몽테뉴

결혼이란 남자의 권리를 반분해서 의무를 두 배로 하는 것이다. - 쇼펜하워

신중하고 건강한 아내를 얻고, 자기 직업에 근면하면 그녀의 절약과 더불어 그것으로 충분한 재산이 된다. - 프랭클린

사랑은 사람을 맹목으로 만들지만, 결혼은 시력을 되찾아 준다. - 리히텐 베르그

행복한 결혼이 되려면 남편은 귀머거리, 아내는 장님이 되어야 한다. - 태버너

결혼하는 사람의 수효도 많지만 그것을 후회하는 사람의 숫자도 적은 것은 아니다. - 스페인 속담

빵을 잘못 구우면 일주일을, 수확이 나쁘면 일 년을, 불행한 결혼을 하면 일생을 망쳐버린다. - 에스토니아 속담

여자는 결혼하기 전에, 남자는 결혼한 후에 눈물을 흘린다. - 폴란드 격언

싸움터에 나갈 때는 한 번 기도하라. 바다에 나갈 때는 두 번 기도하라. 그리고 결혼할 때에는 세 번 기도하라. - 러시아 속담

인생에 있어서 늦어도 상관없는 두 가지가 있다. 결혼과 죽음. - 유태인 격언

행복

참 행복은 모두가 행복할 때 이루어집니다. 온 가족이 불행한데 나만 행복할 수 없으며, 모든 이들이 짐을 지고 있는데 나만 편히 쉰다고 행복할 수는 없는 것입니다.

우리 민족의 뿌리 깊은 곳에 일하기 싫어하는 근성이 있습니다. 옛날 농촌에 과년한 처녀들의 "우편배달부에게 시집가는 것이 농사꾼에게 시집가는 것보다 좋겠네."라는 노래가 있습니다. 우편배달부에게 시집가면 남편이 가져다준 월급으로 편히 지낼 수 있고 농사꾼에게 시집가면 밤낮으로 일해야 하기 때문입니다.

이런 노래도 있습니다. "노세 노세 젊어서 노세, 늙어지면 못 노나니…"

그래서 그런지 '집에서 직장에서 힘겹게 일하고 교회에 와서도 또 일을 해야 하는가' 생각합니다. 일하기 싫어하는 근성이 교회까지 번지고 있습니다. 교회는 쉬는 곳으로 착각한 모양입니다.

참된 행복은 기쁨을 동반합니다. 행복은 사랑과 함께 주어지는 것입니다. 기름이 타야 등불이 빛나고, 꽃이 떨어져야 열매가 익고, 씨가 썩어져야 싹이 나는 것입니다. 주 예수님께서 본을 보여준 사랑이 없이는 참 행복을 맛볼 수 없습니다.

사랑의
가치

"나는 이 꽃을 사랑해" 하면서 화분에 물을 주지 않는다면 꽃을 사랑하고 있다는 말은 거짓입니다. 사랑은 사랑하고 있는 대상에 대한 생명과 성장에 대해 끊임없는 관심으로 이어져야 합니다. 그것에는 상당한 노력과 인내, 그리고 헌신이 필요합니다.

단지 집 안 일을 시키기 위해 한 여자를 아내로 데려온다든지, 자신의 외로움 때문에 사랑을 구한다든지, 이익을 목적으로 결혼을 한다든지 등의 사랑은 사랑의 참 의미를 모르는 것입니다. 그런 것은 아니라 하더라도 그냥 만나고 좋아하다가 사랑이 생겨지고 그래서 결혼을 하는 사랑도 사랑이 무엇인지 제대로 모르는 것입니다. 사랑은 사랑이고 결혼은 결혼이라 하는 것도 또한 사랑에 대한 맹물이 아니라 할 수 없습니다.

참된 사랑은 사랑으로 즐거워 할 줄 아는 것으로서 성숙된 사랑입니다. 하나님께서 우리에게 가르쳐 주신 사랑은 생명이 있고 성장을 가져오는 것으로 인내하여 얻어지는 기쁨입니다.

그것은 마치 기술과도 같아 이론을 배우고 실습을 통하여 연마되고 숙련된 기술자가 되어 일 속에서 얻는 즐거움과 같은 것입니다. 스포츠맨이 그 스포츠를 익힌 다음 그 스포츠로 인하여 즐거움을 얻는 것은 너무나도 당연하며, 농부가 씨를 뿌리고 가꾸어 그 열매로 인하여 기뻐함은 수고를 알지 못하는 사람은 전혀 느끼지 못하는 것과도 같습니다.

값없이 이루어진 사랑에 행복을 기대할 수 없으며, 일순간의 사랑은 결국 인생에 눈물의 씨앗이 되고 말 것입니다. 참된 사랑은 그만큼의 대가가 지불된 것이어야 합니다.

하나님께서는 그 사랑을 위하여 자신을 죽는 데까지 내어 주었으며 그 무엇보다도, 그 어떤 것보다도 우리와의 연합을 원하여 오래 참으셨습니다. 사랑에는 외상도 없고 공짜도 없습니다. 사랑은 결코 쉬운 것도 그렇다고 어려운 것도 아닙니다. 사랑은 아주 많은 값을 주고라도 배우고 익혀야 합니다.

자유함 속에
사랑의 기쁨

우리나라 사람들은 윗사람이 시키는 것은 곧잘 합니다. 경찰관이 단속을 하면 조금은 질서가 지켜지는 듯합니다. 그러나 어른이고 아이이고 스스로 할 줄 모릅니다. 스스로 자기 할 일을 잘할 수만 있다면 얼마나 좋겠습니까?

어느 남자가 고분고분 말 잘 듣는 여자를 찾아 자기 아내로 삼았답니다. 그 여자는 뭐든지 시키는 대로 고분고분 순종을 잘했습니다. 그 남자는 장가를 참 잘 들었다고 생각했습니다. 그런데 얼마 가지 않아 문제가 생겼습니다. 결혼생활에서 가장 중요한 사랑이 되지 않았습니다. 그 여자는 시키는 것은 잘했으나 무엇 하나 스스로 할 줄 몰랐습니다. 사랑은 스스로 되어져야 합니다. 그 남자가 고분고분 순종만 잘하는 여자는 사람이 아니고 로

붓이라는 사실을 절실하게 느꼈을 때는 이미 세월이 다 지나간 뒤였다고 합니다.

　스스로 자기 할 일을 잘 알아서 하려면 먼저 사람 됨됨이가 바로 되어져야 하고, 어려서부터 자율을 배우고 숙달하여야 합니다. 학생들이 학교에서 자율을 배우나 자율적이지 못합니다. 왜 그럴까요? 교육 정책이 학생들을 억압하고 있기 때문입니다. 지시에 의하여, 정책상 어쩔 수 없이… 등등의 어처구니없는 일들이 오늘날 교육 현장에서 공공연하게 통용되고 있는 한 민주화는 꽃피워지지 않습니다.

　우리는 조상 대대로 자율보다는 타율로 억압되어 왔고 그렇게 배웠고 그것을 미덕으로 여겨 왔습니다. 그러므로 우리는 어깨를 펴지 못하고 언제나 그늘 속에서 살아왔습니다. 자유 없이는 사랑이 사랑 되지 못하며, 사랑 없이 기쁨이 기쁨 되지 못합니다. 자유는 근본적인 죄에서 해방되어야만 얻을 수 있습니다.

　우리 죄를 대신하여 십자가를 지신 예수 그리스도를 믿음으로 죄의 종에서 해방되고 거듭나게 되며, 거듭난 하나님의 사람은 하나님나라 시민으로써 참된 자유를 배우고 익힐 수 있습니다. 성령께서 친히 가르치시기 때문입니다.

보석보다
더 귀한 사랑

사랑은
모든 악을 교정하고
잘못을 고치며
슬픔을 위로하느니… -브라우닝

사방 어디를 둘러봐도 진실한 사랑은 없습니다. 사랑받기를
바라지만 사랑을 주는 이는 없습니다. 사실 사랑을 주려고 해도
줄 만한 사랑이 내게는 없습니다. 그러니 어쩝니까?

참되고 고상한 사랑은
떡이나 금이나 옷을 주는 데 있지 않고
간사함이 없는

솔직한 말을 할 줄 아는 이에게 있나니
떡으로는 몇 사람밖에 섬길 수 없으나
진실한 사랑은
많은 사람을 섬길 수 있습니다. -엘머슨

그러고 보면 사랑은 간사함이 없는 진실에서 온다는 것을 알
수 있습니다. 너무 많은 사람들이 사랑을 거저 얻으려 합니다. 진
실이라는 말의 히브리어원은 "참"이라는 말입니다. 이는 불순물
이 조금도 섞이지 않은 보석과 같은 것입니다.

보석은 하루아침에 만들어지는 것이 아님을 우리는 잘 압니
다. 수많은 세월과 수많은 시련 가운데서 보석되었음을 생각해
야 합니다. 사랑은 보석보다 더 오랜 시간과 인내로 얻어집니다.
그렇다고 무조건 기다리고 시련을 겪는다고 되는 것은 아닙니
다. 사랑의 원천이신 하나님께로부터 은혜를 입어야 됩니다. 그
리스도 예수 안에서 참사랑을 나타내신 하나님의 풍성하심이 믿
는 자들을 사랑으로 일깨우기 때문입니다.

인생을 다 살아본 뒤에 사랑이 가장 귀한 것임을 깨닫는다면
때는 늦습니다. 사랑은 씨앗이 싹터 자라고 열매를 맺는 것과 같
습니다. 그 씨앗을 소중하게 가꾸고 키워야 그 열매를 얻게 됩니

다. 성령께서 인도하시는 대로 순종하면 끝내는 하나님께서 우리를 사랑하심 같은 참사랑을 하게 됩니다. 그 사랑은 영원히 빛날 것입니다.

사랑은 씨앗이 싹터 자라고
열매를 맺는 것과 같습니다.
그 씨앗을 소중하게 가꾸고 키워야
그 열매를 얻게 됩니다.

사랑의 정상

　운동선수나, 기능공이나, 사업가나, 정치가나, 할 것 없이 정상에 이르는 데는 반드시 몇 가지 과정을 거쳐야 합니다. 그 첫 번째는 "훈련"입니다. 훈련 없이 유능한 운동선수가 된 사람은 없습니다. 훈련은 경험을 쌓게 하고 숙달되게 하여 완전에 가깝도록 합니다.

　그리고, 둘째는 "인내"입니다. 오래 참음이 없다면 결코 정상에 이르지 못합니다. 성급하게 무엇인가 이루려 해서는 안 됩니다. 특히 정치적인 면에서 그러합니다. 올바른 민주주의가 정착되는 데는 상당한 시련과 시간이 필요합니다. 그 과정을 이겨 나가려면 인내가 필요합니다. 그리고 더 필요한 것이 있다면 "관심"입니다. 무슨 일이든지 관심이 없으면 일이 되지 않습니다.

우리가 살아가는 세상에는 많은 것들이 필요합니다. 먹는 것, 입는 것, 거처할 집, 병 들었을 때 치료할 수 있는 병원, 정신적 즐거움과 위로를 주는 예술, 심신을 즐겁게 해 주는 스포츠 등등. 그러나 그 가운데 가장 많은 비중을 차지하는 것은 사랑입니다.

"목사님도 부부싸움을 할 때가 있나요?" 가끔 사람들은 이렇게 물을 때가 있습니다. 그럴 때마다 나는 웃으면서 "사랑이 뭐 거저 생기나요?"라고 반문합니다. 싸울 수밖에 없어서 부부싸움을 한다면 비참한 일이지만 사랑을 위해 싸운다면 그건 사랑을 위한 훈련이요, 하나의 과정인 것입니다.

사랑이 사랑되려면 사랑이 인생 최대의 관심사가 되어야 하며 훈련과 인내로써 만들어진 하나의 작품이어야 합니다.

내가 아는 잉꼬부부 집사님이 있습니다. 그런데 어느 날 남자 집사님이 나에게 상담을 요청했는데 다짜고짜 "목사님 어떻게 하는 게 사랑하는 건가요?" 하는 것입니다. 사유를 들어보니, 어느 날 아내가 "당신 날 사랑해요?"라고 묻더랍니다. "그럼 그걸 말이라고 해. 사랑하지." 그랬더니 아내는 "말로만!" 하면서 뾰로통 하더라는 것입니다. 그 남자 집사님은 "도대체 여자란 알다가도 모르겠다."고 합니다. 사실 사랑이란 말로만 하는 것이 아닙니다. 계속적인 관심과 노력으로 정상에 도달하도록 끌어올려야 하는 것입니다.

운동선수가 조금만 운동을 게을리 하면 자기 자리를 지킬 수 없는 것처럼 사랑의 관계도 하루라도 방심하거나 힘쓰지 않으면 정상을 유지할 수 없습니다. 인생을 살면서 가장 귀한 것이 사랑이라고 깨달아질 때는 사람이 사람 된 때입니다. 또한 하나님을 알게 된 때입니다. 하나님은 사랑이십니다 요일 4:3.

내 남편
내 아내

대개의 여자들의 경우(특히 요즘 사람) 자기 남편을 못마땅하게 여기는 경우가 많습니다. 멋이 없다느니, 능력이 부족하다느니, 쩨쩨하다느니 등의 이유를 붙여 별 볼일 없는 남자로 낙찰 붙여 아무데서나 제 남편 흉을 봅니다.(모두 다 그런 것은 아니지만)

제 죽자하고 쫓아다녀 결혼할 땐 언제고 이제 와서 푸념인지 모르겠습니다. 자기 남편에 대해서 불만이 많은 여자일수록 자기 자신을 모르는 여자입니다. 결혼을 하면 이미 제아무리 똑똑해도 그 남자의 아내일 수밖에 없습니다. 남편이 바보 같으면 그 아내는 바보 같은 이의 아내가 됩니다. 자기 자신은 아니라고 우길지 모르나 다른 사람이 그렇게 보고 있습니다.

전에는 그렇게 보이지 않는데 지금은 제 남편이 못난이로 보입니까? 그건 남편이 전과같이 자기에게 잘하지 않는다는 데서부터 의심이 생기고 불평이 싹튼 것입니다.

"처녀시절 연애할 땐 그이가 얼마나 잘 해 줬는데요.", "결혼 초에는 집에도 일찍 들어오고 빈손으로 들어온 적이 없었는데 요즘은 어림도 없어요.", "전에는 이불도 개어주고 연탄도 갈아주고 김치 거리도 다듬어 주었는데…", "자기 생일은 잊어버려도 내 생일은 꼭 기억했었어요. 그런데…"

한결같이 잘해 주지 않는다는 이야기뿐입니다. 남편이 아내에게 잘해 줄 때는 아내가 사랑스러울 때이고, 그렇지 못할 때는 아내가 밉게 보였을 것을, 아내는 자기 자신은 보지 못하고 잘해 주지 못하는 남편만 보기 때문에 문제가 되는 것입니다.

"목사님도 역시 남자니까 남편 편을 드시는군요?"라고 말씀하실 분이 계실지 모르지만 성경은 언제나 진리임을 기억해야 합니다. 물론 처음부터 사랑하지 않으면서 억지로 결혼하게 되면 불행한 경우가 되겠지만 대개의 경우 처음엔 행복했는데 나중에 와서 그렇지 못하다는 것입니다. 그것은 남편의 경우보다 아내의 경우가 더 잘못이 있습니다. 왜냐하면 남편 대하기를 처음처럼 하지 못했기 때문입니다. 이 말은 남편을 남편처럼 섬기지 못했다는 말입니다. 살다보면 어렵게 여겨지고 존경스럽고 신비스런 남편의 모든 것이 별것(?) 아닌 것으로 여겨지게 되어 아무렇게나 대하게 됩니다.

특히 남자의 경우 이불 속에서 아기처럼 포근하게 잠들기를 원하는 창조주의 섭리가 있는데, 여자는 날이 샌 뒤에도 어젯밤에 품속에 있던 아기로 연상하고 남편을 섬기지 않는 데서부터 가정의 조화가 깨어지기 시작하는 것입니다. 남편이나 아내 모두가 성서의 가르침을 따라 존경하기를 먼저 하고 언제나 예의를 지켜야 합니다. 아내니까, 남편이니까 이해해 주겠지 하는 생각은 버려야 합니다.

성경은 이렇게 말씀하십니다.

아내들이여 남편에게 복종하기를 주께 하듯하라 엡 5:22

남편들아 아내 사랑하기를 그리스도께서 교회를 사랑하시고 위하여 자신을 주심같이 하라 엡 5:25

참된 사랑

스탠리 잉글바트_{Stanley Englebardt} 라는 사람이 "사랑이란 도대체 무엇인가?"라는 제목으로 자기가 체험한 사랑 이야기를 어떤 잡지에 썼는데 요약해 보면 다음과 같습니다.

그는 플로리다 어느 해변에서 30여 년 전에 아주 신기한 체험을 했습니다. 그 해변에서 어떤 여인을 만나게 되었는데 (그 후 그의 아내가 되었지만) 그때부터 그의 감정에는 큰 변화가 생겼습니다.

그날 그녀와 만났을 때 들었던 음악, 함께 걸었던 길 가에 핀 꽃, 함께 마셨던 커피, 모두가 전과는 전혀 다른 느낌으로 느껴졌습니다. 그리고 괜스레 즐겁고 힘이 납니다.

그러다 바쁜 일이 생겨 몇 달 동안 만나지 못했는데 견딜 수 없을 만큼 힘이 빠지고 일에 의욕을 잃어버리게 되어 만사를 제

처놓고 그녀를 만날 수밖에 없었다고 합니다. 그 후 결국 결혼을 했는데, 잉글바트 씨는 사랑이란 무엇인가에 대해서 '사람이 과학적으로나 논리적으로는 설명할 수 없는 신비의 세계'라고 결론을 내렸습니다.

그때 그 해변에는 수많은 미모의 아가씨들이 있었지만(사실 미모로 보면 자기 아내는 하나도 예쁘지 않았다) 오직 한 여자에게만 관심이 생기고 전기가 통한 듯 감동되었는지 도대체 이해할 수 없었다고 했습니다. 이 잉글바트 씨 처럼 죽자 살자 하고 사랑하다가도 어느 날 갑자기 아무런 이유 없이 싫어지는 경우도 보게 됩니다.(이유 없이 무작정 사랑했던 것처럼)

그러나 참된 사랑은 변하거나 식지 않습니다. 하나님께서 인간을 사랑하신 고차원적인 것을 말하지 않아도 우리는 진실 된 사랑을 말할 수 있어야 합니다. 사랑의 아름다움은 승화되는 데 있습니다. 과거에 집착되어 뒤돌아보는 사랑에는 아름다움을 기대할 수 없습니다. 육체는 시들기 마련입니다. 정열도 쇠퇴하기 마련입니다. 그러므로 사랑의 바탕을 육욕에 두어서는 안 됩니다.

영국의 여류시인 브라우닝 Elizabeth Barrett Browning 은 "그대 진정 나를 사랑하거든 사랑 그것 때문에만 사랑해 주오!"라고 노래하였습니다. 변할 수밖에 없는 것 때문에 사랑한다면 나이 40도 되기 전에 추억의 열병에 걸리고 말 것입니다. 웃는 모양하며, 길게 늘 어뜨린 머릿결하며, 한 움큼에 쥘 만한 날씬한 허리하며, 자상한 손길 등 그런 것 때문에 사랑했다면 흐르는 세월 속에 더 이상 기 대할 것이 없습니다.

사랑은 이해할 수 없는 게 아닙니다. 사랑은 그 자체를 사랑 하는 데 의미가 있습니다. 참된 사랑을 배워야 합니다. 더 큰 사 랑 말입니다.

사랑하는 자들아 우리가 서로 사랑하자 사랑은 하나님께 속한 것 이니 요일 4:7

힘써
사랑하라!

남자가 여자를 사랑하고 여자가 남자를 사랑하는 것은 아주 자연스러운 사랑이며 아름다운 사랑입니다. 누가 가르쳐 주지 않아도 때가 되면 모두가 사랑에 빠집니다.

그러나 사랑이 달콤한 것만이 전부라고 생각해서는 안 됩니다. 사랑이 달콤하고 짜릿하고 황홀한 것이라고만 생각한다면 그는 아직 사랑이 무엇인지 잘 모르는 사람입니다. 사랑은 즐겁기보다는 괴로운 삶의 몸부림이라 하겠습니다. 그 유명한 윌리암 블레이크Willam Blake 는 이렇게 노래했습니다.

Never seek to tell the love

Love that never told can be

그대 사랑 고백하고자 애쓰지 마오.
사랑이란 입으로는 말 못하는 것.

얼마나 진지한 노래입니까? 사랑은 끝없는 아픔이고 괴로움이고 시련입니다. 그 시련을 겪고 나서야 제대로 사람구실을 하게 됩니다. 요즘 젊은이들은 사랑을 흥정합니다.

"그대가 나를 사랑하면 나도 그대를 사랑하고, 만일 그대가 나를 사랑치 아니하면 나도 그대를 사랑치 아니하리."

사랑은 주고 또 주고 아낌없이 주는 것입니다. 우리에게 이런 사랑을 주신 이가 하나님이시고 그분이 우리에게 사랑의 본을 보이셨습니다. 생명을 아끼지 않고 그 생명까지 내어주신 그리스도 예수의 사랑입니다.

유행가 가사처럼 "사랑해선 안 될 사람을…"이라는 사랑도 있는 모양입니다. 사랑은 소유하는 것이 아닙니다. 욕심도 아닙니다. 사랑은 사랑하는 이의 행복을 위해 자신을 희생시키는 것입니다. 그래서 아름다운 사랑을 들어 어머니의 사랑을 말하고, 조국을 사랑하는 애국지사의 사랑을 말하기도 합니다.

만일 당신이 사랑을 하게 된다면 힘껏 사랑하십시오. 양초가 자신의 몸을 녹여 주위를 밝히듯 자신을 기꺼이 내어주는 희생과 헌신이 없이는 참된 사랑을 할 수 없습니다.

그러나 그것은 그리스도 예수 안에서만 가능합니다. 성령의 인도를 받아야 합니다. 사랑은 "성령의 열매"_{갈 5:12}이기 때문입니다.

사랑은 주고 또 주고
아낌없이 주는 것입니다.
생명을 아끼지 않고
그 생명까지 내어주신
그리스도 예수의 사랑입니다.

함께라면

하나님께서 우리가 살고 있는 이 땅을 창조하실 때 엿새 동안 일하셨다고 하였습니다. "땅이 혼돈하고 공허하며 흑암이 깊음 위에 있고_{창 1장}" 이것이 우리가 알 수 있는 이 땅의 처음 모습입니다.

하나님께서 첫째 날 빛을 만드시고 보시기에 좋았다고 하셨고, 둘째 날 하늘을 만드시고, 셋째 날 바다와 육지를 나누시고 땅에 식물을 내시고 보시기에 좋았다고 하셨습니다. 해와 달과 별을 만드시고 보시기에 좋았다고 하셨으며, 동물을 만드시고 보시기에 좋았다고 하였으며, 사람을 만드시고 그에게 축복하시고 보시기에 심히 좋았다고 하셨습니다.

사실 하늘도 없고, 바다도 물고기와 동물들도 없는 그때에도 보시기에 좋았을 이유가 있었을까요?

모든 것이 골고루 갖추어져 부족함이 전혀 없다할지라도 사랑하는 이가 없다면 그 삶을 마냥 좋아하고 기뻐할 수 없을 것입니다. 우리가 좋아하고 기뻐할 이유가 물질적인 것에만 있는 것이 아니기 때문입니다.

사랑하는 이와 함께 있을 때 기쁨이 있습니다. 사람은 함께하는 상대성 속에서 기쁨과 행복을 누립니다. 사랑하는 사람과 함께라면 지하실 단칸 셋방일지라도 행복할 수 있는 것처럼 하나님께서도 자신의 형상을 닮은 사람을 지으시고 그와 함께 하시고, 그 안에서 하나 됨을 좋아하셨다는 것을 우리는 알 수 있습니다.

셋방 신혼살림을 시작했을 때 가전제품 하나만 장만하여도 마냥 기쁘고, 고등어 반찬 한 가지라도 행복하고, 공해로 찌든 잿빛 하늘이어도, 비가 내려도, 눈이 와도 좋으며, 뜨거운 여름날도 싫지 않는 이유는 사랑하는 이와 함께 있기 때문입니다.

그런데 왜 지금은 우울할까요? 산천도, 거리도, 집도, 가구도, 이웃도, 사람들도 그대로 있는데 말입니다. 영혼 없는 몸이 죽은 것 같이 사랑이 없는 삶은 무가치합니다. 술집이 만원이고 카바레나 디스코 홀들이 흥청거리는 이유가 잃어버린 사랑을 찾기 위한 몸부림이고 잃어버린 사랑의 슬픔에 대한 절규가 아닌가 싶습니다.

원수를 맺거나 미워하지 않는 것이 창조주의 섭리입니다. 하나님께서는 잃어버린 에덴동산의 사랑을 되찾기 위해 수천 년을 보내셨으며 예수님을 피 흘리는 데까지 내어 주셨습니다.

우리 모두는 미워하지 않고 사랑하며 살 수 있습니다. 예수님을 통한 하나님의 사랑을 받아들이기만 하면 언제든지 잃어버린 사랑을 회복할 수 있습니다. 하나님 말씀 속에서 믿음으로 주님을 받아들이고 말씀에 순종하면 사랑의 열매가 맺히게 됩니다. 사랑은 조건에 좌우되지 않습니다. 사랑하는 이가 함께 있는 것만으로도 충분합니다. 주님 안으로 깊이 들어갑시다. 그 어느 것 하나 좋아 보이지 않는 것이 없습니다.

새 계명을 너희에게 주노니 서로 사랑하라 내가 너희를 사랑한 것 같이 너희도 서로 사랑하라 요 13:34

수다스러워야
여자다

여자는 왜 모이면 말이 많을까요? 아이들의 자라는 모습을 살펴보면 남자아이들에 비해 여자아이들이 말을 빨리 배우고 많이 합니다. 그러고 보면 선천적으로 여자들이 말을 많이 하도록 되어 있는 것 같습니다.

그런데 어느 나라이건 여자는 말이 적어야 하고 잘 참고 조용해야 한다는 것이 미덕으로 되어 있습니다. 억울한 일을 당해도 대들거나 싸워서는 안 되고 큰 소리를 쳐서도 안 됩니다. 울화통이 치밀어 오르고 분통이 터져도 그걸 시부모나 남편 앞에서 드러내지 못합니다. 시부모나 남편이 무섭고 겁나서가 아니라 이웃의 눈초리가 있고, 자기 자신에 대한 현숙함을 격하시키지 않기 위해 참아 자신을 죽이는 것입니다.

그러다보니 말 못한 사연들이 가슴속에 쌓이게 되고 그게 누적되어 병이 되고, 우울하게 되며, 멋없고, 매력 없는 여자로 타락하게 됩니다.

비교적 잘 떠드는 여자들이 있습니다. 여자들끼리 모인 자리에서 판을 치는 여자입니다. 잘 떠들고, 잘 놀고, 말이 많다 못해 시끄러울 정도인데 이런 여자가 가정에서는 그래도 좋은 아내요, 좋은 어머니가 됩니다. 왜냐하면 선천적으로 말이 많게 되어 있는 여자임에도 불구하고 억눌려 살아야 되는 그 답답함을 여자들끼리 모인 자리에서 많이 떠들어 모두 해소해 버리기 때문입니다. 수다스럽다는 소리를 듣게 되지만, 그래도 그게 훨씬 더 여자다운 여자로 만들며 여자로서의 매력을 유지하게 합니다.

그러나 말 많은 곳에 어찌 조용함이 있으며, 여자들끼리의 이야기라 하지만 어찌 그곳에서 끝이겠습니까?

말이란 퍼지고 퍼지면서 고무풍선처럼 늘어나게 마련인데 말입니다. 여자들끼리의 말이 남편에게로 옮겨지고 그 말은 다시 다른 사람에게로 퍼져 시끄럽게 됩니다. 그러니 어쩌란 말입니까? 이러지도 저러지도 못하니 여자들의 설 땅이 어디입니까?

방법이 있습니다. 노래를 부르는 것입니다. 동네 한가운데서 혹은 아파트에서 불러대면 미쳤다거나 시끄럽다고 할 테니 교회에서 그것도 공식적으로 마음 놓고 큰 소리로 찬양을 하는 것입니다. 그러면 떠드는 것보다 훨씬 더 효과가 있게 됩니다.

그것도 어려우면 전도하는 것입니다. 예수 믿으라고 열심히 떠드는 것입니다. 그러다 보면 전도도 되고 말을 해야 하는 여자의 문제도 해결됩니다.

그런데 그냥 말하는 건 청산유수인데 전도하려고 입을 열면 말문이 막히는 경우가 많습니다. 그것은 성경 실력이 없어서가 아니라 기도하지 않기 때문입니다. 기도야말로 말문을 열게 해줄 뿐 아니라 마음속까지 시원하게 해주는 활력소가 됩니다. 혼자 하는 기도는 누가 평가하는 것도 아니고, 홍보하는 것도 아니고, 말꼬리를 물고 퍼져 나가 문제를 일으키는 것도 아닙니다.

그러니 여자에게 더 없이 좋은 건 기도입니다. 그 무엇보다도 기도는 하나님을 만나게 되고 원하는 바를 이루기 때문에 기도하는 습관을 갖는 것이 무엇보다도 중요합니다.

지금.

곧, 시작해 보십시오.

소리 내서 통성기도로~~~

기도야말로 말문을 열게 해줄 뿐 아니라 마음속까지
시원하게 해주는 활력소가 됩니다.

3부

유전공학과
신앙

노장의 의견을 존중해야!

요즈음 대기업의 중역인 이사 자리에 젊은 30대들이 많이 등용되고 있으며 기술을 가지고 있는 "기술이사"가 많다고 합니다. 뿐만 아니라 판, 검사도 30대요, 대학교수도 30대요, 의학박사도 30대가 많고 목사도 30대가 많습니다.

선진국과 어깨를 나란히 하기 위해 과감하게 젊은이들을 대거 기용하는 현시점에서 볼 때 꿈이 있고, 힘이 있고, 생동감 넘치는 일로 갈채를 보낼만한 일이라 여겨집니다.

그러나 왠지 모르게 불안합니다. 뭔가 일어날 것 같고 터질 것만 갔습니다. 과학은 발달되고 문명은 발전되고 있지만 안정은 없습니다. 50대가 넘어 60대가 되어서야 인생을 논할 수 있고 사리를 분별할 수 있다 했는데 노장들을 밀어내고 젊은이들이 역사를 쥐고 흔들고 있는 것 같으니 어찌 불안하지 않겠습니까?

지난번에 발사된 우주왕복선에는 4명의 우주비행사가 탑승하고 있었는데 50대가 2명, 40대 후반이 2명이었습니다.

미국에서는 우주비행사로 훈련된 비행사가 3천여 명이나 된다는데 그중에 어째서 우주시대를 개막했던 콜롬비아호를 비롯한 우주비행에 모두 50대의 노장들을 탑승시켰을까요? 침착과 인내, 그리고 종합적인 상황판단은 노장이래야 되기 때문입니다.

성경 열왕기상 12장에 보면 솔로몬 왕의 뒤를 이어 왕이 된 르호보암은 노인의 계도를 받지 않고 자기 또래인 젊은이들의 말을 들음으로 인하여 이스라엘은 두 나라로 쪼개지게 되었고 백성들은 전쟁의 피비린내 나는 쓰라림을 당해야만 했습니다.

백 년을 내다보는 장기계획부처에, 국민을 위한 입법기관에, 평화안정을 위한 국방부에, 영육간의 생명을 다루는 병원과 교회에, 노장들을 머물러 두었으면 좋겠습니다. 나라를 위한 길이고 백성 모두에게 평화를 위한 길이 되리라 믿습니다.

인생의
책

책이 홍수인 시대를 우리는 살고 있습니다. 거리마다 서점이 있고, 집집마다 책장이 없는 집이 없습니다. 신문, 잡지까지 읽을 거리는 너무 많습니다만 그래도 일 년 내내 책 한 권 안 읽는 이들도 있습니다.

요즈음은 웬만한 사람이면 자서전이니, 회고록이니, 에세이집이니 하여 글을 쓰고 돈을 들여 한 권쯤의 책을 남기려고 합니다. 사실 우리 모두는 글을 써서 책을 내지 않아도 우리들의 삶, 그 자체가 사실대로 기록되어 책으로 남습니다. 하늘나라 책입니다.

또 내가 보니 죽은 자들이 무론 대소하고 그 보좌 앞에 섰는데 책들이 펴 있고 다른 책이 펴졌으니 곧 생명책이라 죽은 자들이 자기

행위를 따라 책들에 기록된 대로 심판을 받으니… 계 20:12

나의 생각, 나의 말, 나의 행동 하나하나가 기록된 책이 하늘 나라에 있다니… 그리고 그 책에 기록된 대로 심판을 받는다니 이 얼마나 엄숙한 경고입니까?

책은 대개 세 부분으로 씁니다. 서론, 본론, 결론입니다. 이미 우리는 서론과 본론을 썼는지도 모릅니다. 엉터리일지도 모릅니다. 그러나 결론은 매우 중요합니다. 이미 쓴 부분을 지울 수는 없습니다. 오직 남은 부분인 결론을 잘 써야 합니다. 그러면 성공할 수 있습니다.

어둠과
깨달음

목욕탕에서 침례식을 거행함이 덕스럽지 못해, 우리 교회에서는 매번 한강으로 갑니다. 그런데 한강종합개발로 인하여 침례 할 만한 한강변이 없어졌습니다. 그래서 좀 멀긴 하지만 경기도 광주의 냇가를 찾아갑니다. 거기는 산 좋고 물도 맑은데다가 인적도 드물어 침례 하기에는 안성맞춤입니다.

그러나 그것도 1980년도 이야기지, 지금은 그렇지 못합니다. 자가용이 홍수를 이루다 보니 거기까지 사람이 넘쳐흐릅니다. 여름철이고 냇가이니 벗었다고 누가 뭐라 할까만 지난주일 우리가 침례 하러 갔을 때는 정말 너무하다 싶었습니다. 그 많은 사람들을 아랑곳하지 않고, 아예 홀딱 벗어버리고 (술기운이겠지만), "날 좀 보소…." 하니 그분도 집에 돌아가면 가장이요 남편이요 아버지 일 텐데…… 어쩌자고 그러는지 모르겠습니다.

깡통과 술병, 비닐봉지, 음식찌꺼기 등 쓰레기장을 방불케 하는 냇가에서 냄비뚜껑을 두드리며 고래고래 괴성을 지르는 패들도 있고, 고스톱 판을 벌려 돈 먹기 투전도 벌어지고, 삼겹살 구워대고 아무데나 내갈긴 소, 대변 냄새가 뒤범벅이 되어 자연의 향취는 어디로 갔는지 찾을 길이 없습니다. 어쩌다 이 민족, 이 강산이 이렇게 되었을까요?

먹고 배부름으로 인하여 하나님을 등지고 자기만 아는 이기적인 사람이 되었으면서도 그렇게 된 자기 자신을 알지 못하니 그게 더 문제입니다. 죄악의 어둠 때문에 자기의 행위를 깨닫지 못하는 이 세상에서, 누구를 탓하기 전에 믿는 우리가 빛이 되지 못한 연고임을 깨닫고 작은 빛이라도 등경 위에 두어 비춰야 하겠습니다.

지식과
지혜

지식이라 함은 배워서 아는 것이고 지혜라 함은 타고나는 슬기를 말하는데 밝고 맑은 마음을 가리킵니다.

유대인들이 자기네의 고전을 중요하게 여기고 그것들을 아이들에게 가르치는 것은, 지식은 발전해도 지혜는 옛날과 다름이 없다고 확신하기 때문입니다. 그래서 묵은 고전을 신선하게 해석하고 가르쳐 이상과 지혜를 추구하는 가정교육을 실시합니다.

그런데 유대인들은 그들 고전에 담긴 지혜를 책으로 읽게 하여 가르치는 것보다 부모가 아이들에게 이야기로 들려주며 가르치는 방법을 택합니다. 왜냐하면 부모가 자녀에게 들려주는 교육은 생각할 수 있는 기회를 주기 때문입니다. 읽는 것보다 듣는 것은 많은 생각을 하게 합니다.

탈무드에는 이런 말이 있습니다.

"많은 사람들은 생각하는 것이 싫어서 책으로 도피합니다."

어느 사람이 책을 많이 읽는 아이를 유대의 랍비에게 자랑했습니다.

"이 아이는 어찌 열심히 공부하는지 밥 먹을 때에도 책을 읽고 걸어 다니면서도 책을 읽고 심지어는 잘 때도 책을 읽으며 잔답니다."

그러자 랍비가 대답했습니다.

"아마 그 애는 아는 것이라고는 하나도 없을게요."
"책을 읽고 생각할 시간을 못 가지니 어찌 아는 것이 있겠느냐?"

유태인은 책을 읽기만 하는 것은 마치 당나귀가 등으로 책을 실어 나르는 것과 같이 지식을 실어 나르는 것으로 여깁니다. 듣고 생각하고 연상하여 새로운 것을 창조하는 것은 하나님이 인간에게 주신 지혜입니다.

> 지혜 있는 자는 듣고 학식이 더할 것이요 잠 1:5

> 그러므로 믿음은 들음에서 나며… 롬 10:17

교회에 가서 설교를 듣는 것은 중요한 일이며, 부모가 자녀에게 성경 말씀을 가르치는 것은 더 중요한 일입니다.

동물 우화 중에 이런 이야기가 있습니다.

"뱀의 한 가족이 고목 밑에 굴을 파고 살고 있었습니다. 이 뱀 가족의 가장되는 뱀은 좀 게으른 편이어서 먹을 식량을 미리미리 준비해 놓지 못했습니다.

어느 날 이 뱀은 먹을 것을 찾아 굴에서 나와 수풀 속을 서성대고 있었는데 그때 어디서인가 닭 울음소리가 들려왔습니다. 암탉이 알을 낳은 것임을 쉽게 알아차렸습니다.

뱀은 그곳에 가 봤지만 닭장은 모두 울타리가 쳐 있었습니다. 그러나 다행히도 닭장 밖 울타리를 한 바퀴 돌다가 조그마한 구멍 하나를 발견했습니다.

뱀은 그 구멍으로 닭장 안에 들어가 금방 낳은 달걀을 통째

삼키고는 닭장을 빠져 나왔습니다. 뱀이 통째로 먹은 달걀은 닭장의 좁은 구멍을 빠져 나올 때 터져서 소화가 빨리 되었습니다.

그렇게 하기를 매일같이 계속했습니다. 닭을 기르는 소년이 이상하게 생각하여 하루는 지키고 있다가 그것이 뱀의 짓임을 알았습니다. 그래서 그 다음 날은 삶은 달걀을 닭장에 놓고 금방 낳은 달걀을 치워 버렸습니다. 아무것도 모르는 뱀은 삶은 달걀을 통째로 집어삼키고 울타리 구멍을 빠져 나오려고 했지만 툭 불거진 부분이 좁은 구멍에 걸려 빠져나갈 수 없었습니다. 닭을 기르는 소년은 준비해 두었던 막대기로 쉽게 그 뱀을 때려잡을 수 있었습니다."

> 욕심이 잉태한즉 죄를 낳고 죄가 장성한즉 사망을 낳느니라
>
> 약 1:15

한 번 두 번 반복하여 같은 죄를 계속 짓게 되면 죄는 결국 자신을 죽음으로 끌고 가게 됩니다. 그러므로 죄는 속히 회개하고 같은 죄를 다시는 반복(습관적인)해서는 안 됩니다. 죄의 독은 살과 뼈뿐만이 아니라 심령 속까지 파고 듭니다.

하나님의
섭리

1982년 10월 15일 조선일보 사설에 "금보다 값진 어머니의 젖"이란 제목으로 아기에게는 우유를 먹이지 말고 어머니의 젖을 먹여야 된다는 절대적인 내용이 실렸습니다.

스웨덴의 경우 2차 대전 종전 당시 모유를 먹이는 어머니는 80%였는데 30년 후엔 반대로 분유를 먹이는 어머니가 80%로 늘어났습니다.

그런데 70년대 후반에 모유가 아기의 질병이나 사망률을 감소시키는 힘이 있다는 사실을 알게 되면서부터 다시 모유시대로 돌아가 지금은 92% 이상이 모유를 수유하고 있고 이로 인하여 전 세계에서 가장 유아 사망률이 적은 나라가 되었다고 합니다.

지금 선진국에서는 어머니의 젖을 먹이자는 운동이 일고 있습니다. 어머니의 젖은 유아의 각종 질병을 예방하는 힘이 있어 우유를 먹이는 유아와 모유를 먹이는 유아의 경우, 생후 1개월 내에 사망하는 비율이 4:1로 우유를 먹이는 유아의 사망률이 4배나 높다고 조사, 보고되고 있습니다. 뿐만 아니라 우유로 기른 아이는 알레르기성 질환의 이환율이 높을 뿐 아니라 습진의 경우, 모유로 기른 아이에 비해 7배나 많이 발생한다고 합니다.

모유는 아기에게만 좋은 것이 아니라 어머니에게도 유익하여 산후 건강이 빨리 회복되고 유방암에 걸릴 확률이 낮다는 연구 결과도 나와 있습니다.

어디 그뿐이겠습니까? 머리의 발달도 출생 후 두 살까지의 발달 양은 두 살에서 스무 살까지의 발달양과 꼭 같아 생후 두 살까지는 하루에 4시간 이상 어머니와 접촉하는 것이 정상 발달에 큰 영향력을 미친다고 합니다.

아기는 어머니의 태 안에서 어머니의 대동맥을 통해 전달되는 심장의 박동소리를 듣고 발육되었기 때문에 태어난 후에도 이 맥박소리를 들어야 심리적 안정을 찾는다고 합니다. 그러므로 어머니의 품에 안길 때에 포근히 잠들 수 있는 것입니다.

어머니의 젖을 먹지 않고 자란 아이는 어머니에 대한 애착이 없어 효심이 약해지고, 어머니 또한 자식에 대한 정이 약해져 사회적 문제아를 기르는 결과가 된다는 사실도 입증되고 있습니다. 뒤늦은 감이 있긴 하지만, 현대과학이 이 같은 사실을 찾아내자 선진 국가에서는 이 모유먹이기운동이 적극적으로 권장되고 있는데 비해 우리 한국은 모유보다는 분유를 더 선호하고 있습니다.

분유 판매회사의 과장된 선전 때문인지, 아기에게 젖을 주면 가슴이 미워진다는 낭설 때문인지는 모르지만 아무튼 서글픈 일입니다. 하나님의 창조 법칙에는 결코 잘못됨이 없음을 우리는 믿어야 합니다. 성경 말씀은 언제나 진리입니다.

흙에서
살어리랐다!

아람 왕의 군대장관 나아만이 문둥병에 걸려 죽게 되었다가 엘리사의 명을 따라 요단강에서 일곱 번 목욕을 한 후 깨끗함을 받고 예물을 엘리사에게 드리려다가 거절당하고 이스라엘 땅의 '흙'을 노새 두 마리에 실을 만큼 얻어 가지고 돌아갔다 왕하 5장 는 성경 말씀이 있습니다.

나아만 장군은 그 흙으로 단을 쌓고 이스라엘의 하나님 여호와께 제사를 드리겠다고 했습니다. 흙은 생명의 고향입니다.

여호와께서 흙으로 사람을 지으시고… 창 2:7

사람은 누구나 흙을 사랑합니다. 흙냄새가 그리운 법입니다. 흙이 있어야 씨가 싹트고, 자라고, 열매를 맺게 됩니다.

그런데 요즈음 사람은 흙을 멀리합니다. 모든 길을 아스팔트로 덮어 버렸고 골목길뿐만 아니라 앞마당에까지 시멘트로 덮어 흙이 숨 쉴 구멍조차 없게 되었습니다. 그리고 콘크리트건물 안에서 흙 없이 수중재배한 채소를 먹고 전자기기에 의지하여 살아갑니다. 생명이 움틀만한 습기 하나 없는 딱딱하고 메마른 도시에 사는 사람들은 심령까지 메마르지 않을까요? 심령대부흥회를 해도 고개조차 내밀지 않습니다. 바싹 말라 움이 틀 가망조차 없는 듯합니다.

··· 너는 흙이니··· 창 3:19

흙냄새 물씬 풍기는 농촌이 우리 체질에 맞는 것이고 흙에서 나는 곡식과 과일, 채소가 우리를 건강하게 하는데 왜 서울 도성에만 인구 천만 명을 헤아려야 할까요?

생명의 샘이 흐르고 시절을 좇아 과실을 맺을 수 있는 여호와께 뿌리를 내려 영혼이 기뻐하며, 땅에 사는 동안 자연 속에 토단을 쌓고 예배를 드리는 꿈을 꿉니다.

영혼의
건강

정신과 육체의 건강은 인간이 추구해야 하는 소중한 가치입니다. 많은 사람들 특히 병원신세를 경험해 본 사람들은 재물보다 더 중요한 것이 건강이라고 힘써 말합니다.

병원에 가 보면 건강이 소중하다는 생각이 절실해집니다. 팔다리가 부러져 병원에 입원한 경우는 좀 나은 편입니다. 겉으로는 멀쩡해도 암에 걸려 사형선고를 받고 항암치료를 받으며 살아가는 이들이 있습니다. 그래도 이들은 느끼고 생각하고 말할 수 있어 자신의 의사를 표시할 수 있지만 "치매" 환자들의 경우는 그 어떤 병보다 더 비참합니다. 본인보다도 그 가족들을 더 가슴 아프게 합니다.

가족에게 어른대접을 받으며 사랑과 정을 통해 행복하게 노년을 즐겨야 하는데 가족도 몰라보고 대소변도 가리지 못하는 치매환자가 급속도로 늘어나고 있다고 하니 정말 안타깝습니다.

치매의 예방은 가능 하나 정확한 원인 규명의 결과가 없어 어려운 숙제입니다. 치매예방이란 평소에 근심 걱정을 내려놓고, 남을 돕고 사랑을 베풀며 사는 것입니다. 오직 신앙으로 살아야 합니다. 이름뿐인 그리스도인이어서는 안 됩니다. 하나님께서 우리에게 주신 사랑을 나타내야 합니다. 그래야 내가 살고 남도 살게 됩니다.

우리의 영혼은 지금 얼마나 건강할까요? 혹 절망적 상태는 아닌지요? 예수님은 우리의 영혼과 육신 모두를 구원하시는 분이십니다. 주 예수님의 말씀을 따르는 훈련을 받아야 합니다.

나는 세상의
빛이니

하나님께서는 누군가에 의해 지음을 받은 피조물이 아니라 스스로 계신 분이시며 영원 전부터 영원토록 계시는 분입니다 출 3:14-15. 그 하나님은 영 요 4:24 이시기에 우리의 눈이나 손으로는 확인할 수 없지만 분명 우리와 함께 계시며 당신 자신의 뜻을 이루고 계십니다.

성경에는 하나님의 속성을 "생명", "사랑", "빛"으로 나타내고 있는데 그중에 "빛"이신 하나님에 대해서 생각해 보겠습니다.

실제로 우리는 빛을 보지 못합니다. 빛에 의해 반사된 것들을 볼뿐입니다. 우리는 하나님을 볼 수 없습니다. 예수 그리스도의 인격 속에서 반사된 빛을 볼 때만이 우리는 하나님을 보게 됩니다.

가장 큰 빛의 근원은 태양입니다. 태양은 지구로부터 약 9,300만 마일 밖에 있으며 태양의 크기는 지구의 약 130만 배나 된다고 합니다. 태양 빛과 열이 지구에 미치는 것은 실제에 비해 22억 2천만 분의 1에 불과하다니 그 열과 빛이 얼마나 강한지 과히 상상이 되지 않습니다. 태양 빛을 과학적으로 분석해 보면 다음과 같습니다.

화학선 – 이 광선은 눈에 보이거나 결코 느껴지지 않습니다.
빛 광선 – 어떤 물체에 부딪혀 반사될 때 볼 수 있지만 결코 느껴지지 않습니다.
열광선 – 느껴지지만 보이지는 않습니다.

태양 빛을 프리즘을 통해 볼 때 아름다운 일곱 가지 색을 보게 되는데 파장의 길이로 보아 보라, 남색, 파랑, 초록, 노랑, 주황, 빨강색인데 여기에 나타나지 않는 광선이 있습니다.
보라색 위에 자외선이 있고, 빨간색 밑에 적외선이 있습니다. 이 광선을 두 그룹으로 분류하면 첫째는 모든 생물에 없어서는 안 될 아주 소중한 광선이며, 둘째는 반대로 모든 생물에 치명적인 광선입니다.

태양 빛 속에 있는 이 두 종류의 광선이 그대로 우리에게 비친다면 우리 모두는 죽게 될 것이지만 지구를 둘러 덮고 있는 공기라고 불리는 가스층은 생물에 치명적인 타격을 주는 광선을 굴절시켜 다른 곳으로 빗겨 나가게 하고 아주 미세한 소량의 광선만을 땅 위에까지 도달하게 합니다.

우리가 익히 알고 있는 광선 중에 하나가 라듐원소의 방사선입니다. 라듐 빛은 거의 화학선으로 구성되어 있음으로 볼 수도 느낄 수도 없습니다. 라듐이 두 종류의 빛을 광출하는데 그것은 생명체에 치명적인 광선과 생명체에 아주 유익한 광선입니다.

만일 7, 8평 크기의 방안에 사람들이 가득 앉아 있고 거기에 쌀 한 톨 만한 라듐원소의 입자를 놓아둔다면 모두 죽고 말 것입니다.

그런데도 어떻게 라듐 방사선은 암이나 피부병을 치료하는 치료방법으로 쓰일 수 있게 되었을까요?

그것은 빛 속의 두 광선 중 생물에 치명적인 타격을 주는 광선을 막아낼 수 있는 방패를 발견한 것입니다. 그 원소는 놀랍게도 세상에서는 아주 흔한 "납"이었습니다. 납으로 만든 캡슐 속에 라듐원소를 넣으면 생명을 죽이는 광선은 통하지 못합니다. 이 원리를 이용하여 방사선 치료법을 개발한 것입니다.

방사선 의학을 통해 "하나님은 빛이라_{요 8:12}"하신 성경에서 말씀하는 하나님을 찾고자 합니다.

화학선 : 보이거나 느껴지지 않는다. – 하나님
빛광선 : 보이기는 하지만 반사되어야 보이고 느껴지지는 않는다. – 예수 그리스도
열광선 : 느껴지지만 보이지 않는다. – 성령님

우리가 볼 수 있는 일곱 빛깔 무지개 색은 하나님의 성품 그대로를 빛깔로 나타내었으며(예: 붉은색-주님의 희생) 일곱이란 수는 완전한 수입니다.

하나님께는 두 성품이 있는데(두 광선처럼) 죄에 대해서는 치명적인 사망을 선고하고, 의에 대해서는 유익한 새로운 삶을 주시는 축복입니다.

방패 되시는 그리스도 예수 안에서만 살 수 있고 그 밖에서는 죽습니다. 그리스도 안에 있는 방법은 "믿음"뿐입니다. 그 믿음은 예수님을 마음에 영접하는 것입니다.

육체의
생명, 피

우리들 몸속에는 피가 흐르고 있습니다. 이 피의 흐름은 어머니의 복중에서부터 땅속에 묻히기까지 결코 쉬는 일이 없습니다. 그냥 흐르는 것이 아니고 충실하게 일을 함으로 생명을 유지시킵니다.

인간의 몸에는 많은 종류의 조직들인 근육, 신경, 살, 뼈, 땀샘, 연결조직 등이 있습니다. 이 모든 조직들의 공통된 견해는 고정되어 있는 세포조직입니다. 그러나 "피"는 유동적이라 움직일 수 있습니다.

피는 온몸을 자유롭게 움직이며 고정된 세포에 영양을 공급하고 노폐물과 세포활동의 쓰레기들을 실어다 버리는 일을 합니다. 정상적인 사람의 몸에는 약 7리터의 피가 있습니다. 이 피는 심장에 의해 펌프질 되어 약 23초마다 몸을 한 바퀴 돌아옵니다. 그러므로 피의 흐름은 "생명"입니다.

피는 혈장 Plasma 이라 불리는 무색의 액체로 여러 가지 세포조직으로 된 요소들과 아주 많은 화학물질(아직 그 모든 조직체가 무엇으로 되었는지 무슨 일을 하는지 잘 모름)로 되어져 있습니다. 그중에서 중요한 일을 하는 몇 가지를 생각해 보면, 인간의 생명이 피에 있다 레 17:11 는 성서의 말씀을 생각하게 합니다.

1. 적혈구 또는 붉은피톨 eythrocytes

이는 매 입방 밀리미터에 약 5백만 개쯤 되는데 붉은색입니다. 그래서 피가 붉게 보입니다.

이 적혈구는 폐를 통과할 때 우리가 숨 쉬는 산소와 결합하여 산화 헤모글로빈이라는 형태의 영양을 싣고 각 조직의 세포에 도달하여 그 짐을 풀어놓고는 세포조직의 쓰레기들을(세포조직을 위해 생기는 노폐물, 열량을 내기 위해 생긴 탄산가스, 신진대사의 기타 다른 노폐물) 담아 콩팥이나 피부나 창자를 통해서 내버립니다. 이렇게 왕복하는데 23초가 걸립니다.

결국 우리가 먹는 음식물의 영양은 피에 의해 조직들에게 운반되고 그 쓰레기도 같은 차량인 피에 의해 운반 처리됩니다. 그러나 오염되지 않습니다. 위대한 창조주는 우리를 이렇게 완전하게 만드셨습니다. 생각해보십시오. 청소차에 쓰레기를 가득 실어다 버리고 청소도 하지 않은 채 그 차에다 음식물을 싣고 온다면 그 위생처리가 어떻게 될까요?

2. 백혈구 또는 흰피톨 leucocytes

이는 흰색이어서 흰피톨이라 불리며 적혈구에 비해서 그 수는 매우 적습니다. 매 평방 밀리미터에 약 4천-7천 개쯤 됩니다. 그러나 이는 정상적일 때의 경우이고, 비상시엔 두세 배쯤 급속도로 증가됩니다.

이 백혈구는 병균이 들어왔을 때 즉각 출동하여 세균을 죽이기도 하고 집어삼키기도 합니다. 손가락이 찔려서 전염균이 들어왔다면 흰피톨의 정예군 4-7천을 즉시 출동시켜 전염균을 완전히 둘러싸고 싸웁니다. 동시에 흰피톨을 급속도로 더 만들어 전사한 흰피톨을 대신하게 합니다. 이때 전사한 흰피톨과 세균들이 "고름"이 되어 밖으로 흘러내리고 세균이 모두 퇴치되면 딱지가 되고 그 속에서 새살이 돋아나 정상으로 됩니다.

병균이 완전히 소멸되고 완전한 정상이 될 때까지 그곳은 전쟁터가 되어 모든 백혈구가 그곳에 집중됩니다. 그러므로 의사가 전염병이 침투했나를 알아보려면 피를 한 방울만 뽑아 백혈구의 수를 세어 보면 알 수 있습니다. 많은 수의 백혈구가 생산되었으면 이미 전염병균이 침투했다는 공습경보입니다. 그때 빨리 손을 써야 합니다.

3. 항체 antibodies 또는 항독소

흰피톨은 전쟁이 일어났을 때 싸웁니다. 그러나 이 항체는 병균이 아예 발을 붙이지 못하게 예방하는 일을 합니다. 아마 이 항체가 없다면 우리들은 벌써 죽었을 것입니다(병균은 수 없이 쳐들어오고 흰피톨이 힘을 잃게 되면 죽습니다. 우리나라에 전쟁이 한 달에 한 번씩 일어난다고 생각해 봅시다.).

항체는 누구에게나 생겨납니다. 즉, 어떤 병균이 한 번 쳐들어왔을 때 이 항체가 생산됩니다. 그러므로 같은 질병이 다시는 체내로 들어오지 못하도록 합니다. 모든 전염병이 모두 그런 것은 아닙니다. 아주 독한 전염병만 그런 것 같습니다(아직 잘 모릅니다). 예컨대 마마나 홍역, 볼거리, 소아마비 같은 경우입니다. 그래서 한 번 이런 병에 걸렸다가 회복되면 평생 동안 그 병엔 걸리지 않습니다. 그것은 이 질병을 예방하는 항체가 살아있기 때문입니다.

이런 사실을 발견하여 예방주사를 맞게 하는데 이 예방주사는 사실 적은 양의 병균을 체내에 주입시키는 것이고, 그러면 흰 피톨이 싸워 이기는 동안 항체가 생산되어 핏속을 돌면서 다시는 쳐들어오지 못하게 엄포를 놓게 합니다.

이 외에도 수 없이 많은 요소들이 피 속에서 자기의 일을 합니다. 그러므로 우리의 몸이 살아 있는 것입니다.

피가 육신의 생명입니다.

어째서 기독교만 구원이 있을까요? 그것은 그리스도 예수의 피로 세워진 종교이기 때문입니다. 육신을 살게 하는 피는 어느 한계에 이르면 부패되어 썩습니다. 죄라는 독소가 개입되었기 때문이라고 성서는 밝혀줍니다.
그래서 그리스도 예수의 죄 없는 보배로운 피가 우리에게 흘러넘치게 해야 합니다. 그래야 우리가 영원히 살 수 있는 것입니다. 이 모든 것은 믿음으로만 가능합니다.

"주 예수를 믿으라!"

이것이 부패되어 썩지 않는 피를 공급받는 방법인 것입니다.

우리가 아기일 때(모태에서) 어떻게 피를 받았는지 모릅니다(어머니의 피를 받은 것이 아니고 아기 체내에서 생산된 것입니다). 다만 남자와 여자의 결합으로 생명이 탄생되어진 것처럼, 하나님의 은혜와 죄 없으신 예수님께서 십자가에서 흘리신 보혈의 공로를 믿음으로 우리는 새 생명을 얻는 것이며 거듭나게 되는 것입니다. 그 피가 우리를 영원토록 살게 합니다.

* 참고서적 : M.R DeHoan. M.D / The chemistry of the blood

3부
유전공학과 신앙

변하지 않는
진리

갈릴레이는 17세기 이탈리아의 천문학자 코페르니쿠스의 지동설(지구는 돌고 있다)을 실제로 증명하고 그 사실을 발표한 사람입니다.

갈릴레이가 지동설을 발표하자 그 당시의 많은 학자들과 종교인들은 터무니없는 미치광이의 소리라고 비난했고 결국 갈릴레이는 잡혀 감옥에 갇히고 재판을 받게 되었습니다(태양은 움직이지 않고 지구가 돌아간다는 낭설을 퍼뜨려 백성들을 소란케 했다는 죄목).

재판관 앞에서 갈릴레이는 지구가 돈다는 사실을 주장했지만 통하지 않았고, 감옥에 가게 되었습니다. 갈릴레이는 하는 수 없이 다시는 "지구가 돈다."는 말을 하거나 책을 쓰지 않겠다는 서약하고 풀려 나오게 되었는데 서약을 받은 재판관이 다시 한 번

다짐을 하게 되었습니다.

"지금 이 시간 후부터 그대는 지구가 돈다는 낭설을 절대로 말하거나 책으로 써서는 안 된다. 알겠는가?"

"네."

"그러면 석방하겠네, 마지막으로 할 말은 없는가?"

"예. 있습니다."

"뭔가?"

"제가 서약한 대로 다시는 지구가 돈다고 말하지 않을 것입니다. 그래도 지구는 돕니다!"

"뭐야!"

"지구가 돈다는 것은 창조주에 의한 것임으로 그 어떤 압력으로도 변할 수 없습니다. 지구는 돌고 있습니다."

"저놈을 당장 감옥에 쳐 넣어라!"

결국 갈릴레이는 감옥신세를 지게 되었습니다. 지금 생각하면 참 어리석은 재판이라고 생각되지만 그때 당시에는 그럴 만하다고 여겨집니다. 그 누가 뭐라 해도 지구는 돌아가고 있음이 틀림없지만 누가 그것을 증명하느냐가 중요합니다.

하나님이 살아 계시고 그분이 천지를 지으셨고 지금도 우리의 삶을 주관하고 계십니다. 죄로 말미암아 영원히 멸망당할 우리 인생들을 불쌍히 여기시고 그리스도 예수를 이 세상에 보내어 우리 죄를 대속하여 누구든지 그 예수를 믿으면 구원을 받게 하셨습니다.

이 구원의 길을 증거하고 전파하는 이들을 핍박하고 감옥에 집어넣고 때리고 죽여도 봤지만 역시 하나님께서는 살아 계셨고, 그리스도 예수는 전파되었습니다.

> 내가 곧 길이요 진리요 생명이니 나로 말미암지 않고는 아버지께 올 자가 없느니라 요 14:6

진리는 변하지 않습니다. 하나님 말씀이십니다 요 17:7. 결코 변할 수 없는 하나님 말씀에 의하면 이 세상은 끝이(종말) 있고, 그때에 심판이 있다고 하셨습니다. 우리 모두는 그날을 준비해야 합니다. 지혜로운 자는 내일을 준비하고 예비합니다. 결코 육신이 생명보다 중요할 수 없습니다. 영혼이 구원받는 길은 예수를 믿는 길밖에 없습니다.

평안의 잠

어떤 경우엔 잠잘 시간에 자지 않고 늦게까지 놀고자 합니다. 11시 12시가 넘도록 TV를 시청하거나, 밤새도록 흥겹게 잔치를 벌이는 경우도 있습니다.

그러나 사람에게는 일정한 잠이 필요하며 그것은 우리가 알게 모르게 유익을 줍니다. 보통 우리들이 잘 때는 이불을 덮고 눈을 감고 잡니다. 그러나 눈을 뜨고 자는 사람도 있습니다(물고기처럼). 말은 서서 잠을 자고, 박쥐는 공중에 매달려서 잠을 잡니다.

사람에게 필요한 잠은 하루 평균 8시간 정도입니다. 그런데 왜 잠을 자야 할까요?

우리 몸에서 매일 많은 수의 세포가 죽습니다. 그래서 새로운 세포를 만들기 위해 여유가 필요합니다. 그 여유가 잠(쉼)입니다.

또한 사람이 잠잘 때 신체적으로 성장합니다. 그래서 다 성장한 어른들보다는 아이들이 더 많은 잠을 자야 합니다. 시험공부 한다고 잠을 적게 자는 중, 고등학생의 경우 내적인 신체발육에 막대한 지장을 가져와 나약해지기 쉽습니다. 즉, 신경계통, 내장계통, 심장계통, 두뇌에 이르기까지 모든 기능이 정상적으로 발달하지 못합니다. 그러므로 나이가 30이 되기까지는 충분하게 잠을 자는 것이 좋습니다.

현대인들의 고통 중에 하나는 "불면증"입니다. 잠을 자고 싶어도 잠이 오지 않는 괴로움은 겪어보지 아니한 사람은 그 고통을 이해하지 못합니다. 그 어떤 육신적 고통보다 더욱 괴로운 것이 불면증입니다.

그런데 그런 환자가 점점 더 많아지고 있어 우리는 신경 쓰지 않을 수 없습니다(잠 잘 자는 사람들은 큰 복을 받은 셈입니다. 감사해야 합니다).

잠을 자야 할 때에 잠들지 못하는 원인은 첫째로 두려움입니다. 염려되고 걱정되는 몸과 마음의 긴장이 두려움을 몰고와 결국은 잠을 잘 수 없게 만듭니다. 잠을 잘 자지 못하면 온갖 질병을 일으킵니다. 결국 잠을 못 자는 이유는 평안이 없기 때문입니다.

내가 평안히 눕고 자기도 하기는 나를 안전히 거하게 하시는 이는 오직 여호와시니라 시 4:8

여호와께서 그 사랑하시는 자에게는 잠을 주시는도다 시 127:2

평안은 주 하나님께서(그리스도 예수 안에서) 우리에게 주십니다. 주 예수님을 마음에 모셔 드리면 평안을 얻을 수 있습니다.

3부
유전공학과 신앙

할례의 영적 의미와
과학적 의미

할례의식은 히브리 민족에게 있어서 선택된 백성이라는 영적 의미가 있습니다. 할례 받지 않는 자는 그 백성 중에서 끊어져 대를 이을 수 없었습니다. 할례는 하나님께서 아브라함에게 말씀하셨고 창 17:11-14, 모세를 통해서 그 백성들에게 규율로 정해 반드시 지키게 하셨습니다 출 12:48.

이 할례는 남자 생식기의 끝을 베어내는 것으로 아이가 태어난 지 팔 일 만에 행하도록 명령되어져 있습니다.

안식 후 첫날이 되는 이 팔 일은 그리스도 예수께서 부활하신 새로운 날을 의미하며 실제로 이 팔 일에 할례를 해야 하는 가장 적합한 과학적 근거를 가지고 있는데 그 이유를 현대과학은 이렇게 설명하고 있습니다.

우리들의 핏속에는 질병을 저항하는 요소들이 많이 있는데 혈장, 붉은피톨, 흰피톨, 혈소판 등입니다. 만약 핏속에 이런 항체들이 없다면 우리 모두는 전염병으로 죽게 될 것입니다. 이런 요소들은 우리가 음식물을 먹음으로 계속 공급됩니다.

그런데 갓난아기들에게는 스스로 흰피톨 같은 항체를 만들 만한 영양을 섭취하지 못하기 때문에 문제가 될 수밖에 없습니다. 그러나 갓난아기는 이미 어머니로부터 물려받은 핏속에 얼마 정도의 항체를 가지고 태어납니다. 그 효력이 정확하게 칠 일간 유지되다 감소된다고 합니다.

반면에 우리들 핏속에는 피가 피부 밖으로 흘러나오게 되면 곧바로 엉기게 하는 요소가 있습니다. 의학용어로 '휘브리노젠' 혹은 '트롬비노젠'이라 하는데 상처가 났을 때 피를 더 이상 흐르지 못하게 엉기도록(거미줄처럼 많고 끈적끈적한 요소로) 합니다.

그런데 갓난 어린 아기에게는 "피를 엉기게 하는" 요소가 매우 적어 상처가 나면 피가 멈추지 못하고 계속되어 생명에 위협을 느끼게 합니다. 그러나 난 지 팔 일이 되면 그 기능이 정상으로 되어 활발해집니다. 그러니까 모태에서 가지고 나온 질병을 예방하는 능력이 칠 일이 지나면 감소되고, 피를 엉기게 하는 요소는 칠 일이 지나야 정상이 되므로 할례를 행하려면 팔 일이 가장 적당한 시기가 되는 것입니다.

이 놀랍고도 신기한 사실을 현대과학은 최근에서야 발견했지만 히브리 민족은 수천 년 전에 이미 과학적으로 완전한 제 팔 일에 할례를 행하였으니 여호와 하나님의 말씀(곧 율법)은 완전무결한 것이 됩니다.

천지를 창조하신 분이 하나님이시며 그에게 모든 비밀이 감추어져 있습니다. 그분의 힘이 아니면 마지막 재앙(그 재앙이 하나님께서 진노하신 재앙이거나 인간이 만들어낸 재앙이거나)에서 구원받을 자는 없습니다. 아직도 우리는 미개합니다. 전능하신 하나님의 말씀을 따르는 자는 삽니다.

누구든지 주 예수를 믿으면 구원을 받으리라 요 3:16

유전공학과
신앙

내가 곧 길이요 진리요 생명이니······ 요 14:6

지금 세계의 관심사는 "유전공학"이라는 것임에 틀림없습니다. 유전공학이란 이 땅 위에 있는 모든 생물의 조직체인 "세포"를 구성하고 있는 "염색체" 내에 있는 "유전자"를 가, 감하여 새로운 생물을 만드는 공학을 말합니다.

예를 들면, 병충해에 관계없이 아무데서나 잘 자라는 가라지(피/벼와 같이 생긴 것)의 세포 중에 있는 독특한 "유전자"를 뽑아 일반 벼에 주입시키면 농약 없이도 벼농사를 지을 수 있고, 코끼리에게 있는 체구가 크게 되는 "유전자"를 뽑아 돼지에게 주입시키면 코끼리만큼 큰 돼지가 나오고, 호박 속에 있는 "유전자"

를 뽑아 참외에 주입시키면 호박만 한 참외가 나오고, 한 겨울에도 꽃이 피는 동백나무의 "유전자"를 뽑아 사과나무에 주입시키면 겨울에도 사과가 열리는 이변을 가져올 수 있다는 학문이 "유전공학"이라는 것입니다.

'참으로 신기하고 좋은 세상이구나!' 생각하시는 분이 많겠지만, 사실 우리는 두려움에 떨지 않으면 안 되는 시대에 살고 있음을 알아야 합니다.

식물과 동물의 변화는 곧 인간에게도 미친다는 사실입니다. 인간 속에 있는 양심적인 유전자를 빼내고 그 대신 사자나 호랑이에 있는 사나운 "유전자"를 집어넣으면 어떤 사람이 되겠는지 생각해 보시면 됩니다.

지금 선진국의 대학 실험실에는 수만 명의 생명이 시험관 속에서 동시에 출생되었다가 세상의 빛을 보기도 전에 버려지고 있습니다. 필요하면 전쟁에 용맹스러운 남자만 한 번에 수천만 명을 만들어낼 수도 있습니다. 인간이지만 로봇과 같은 인간이 이 땅에 출현할지도 모릅니다. 뿐만 아니라, 죄의 성품이 들어 있는 유전자를 빼고 양같이 순한 동물의 유전자를 넣어 만든 인간도 탄생하게 되어 사람이 사람을 농락하는 시대가 오게 되는 것입니다.

어떻게 생각하십니까?

한 나무의 뿌리에서는 감자가 달리고 줄기에는 토마토가 맺혀지고 있습니다(우리나라에서도 성공). 시험관 속에서 수천만 마리의 잉어(물고기)가 번식하고, 성장촉진 호르몬 주사로 몇 개월만에 수천 그루의 포프라(나무) 묘목을 만들어내고 있는 것이 우리나라에까지 도입된 유전공학의 현실입니다.

"생명은 여호와 하나님께 있으며 사람의 살고 죽는 것도 하나님께 있다." 라고 성경은 말씀하고 있는데 이렇게 되면 "신"은 죽었던지 아니면 있으나 마나한 것이 아닐까요? 그러나 성서는 진리이며 왜곡되거나 변질될 수 없다는 점으로 미루어 보면 인간의 지혜와 꾀가 하나님의 심판을 앞당기는 결과를 초래하게 되는 것이 분명합니다.

구약성서 창세기 11장에 바벨탑의 이야기가 나옵니다. 인간에게 죄악이 넘쳐 하나님께서는 홍수로 인간 모두를 쓸어버리고 노아의 여덟 식구만을 살려 두셨는데 그 노아의 후손들이 번창하여 점점 더 많아지게 되자 한 꾀를 내어 탑을 쌓아 그 꼭대기가 하늘에 닿게 하여 자기네들의 이름을 날리고 서로 흩어짐을 면하자 하여 탑을 쌓기 시작했지만 하나님께서 제지하셔서 그들은 서로 통하지 않는 언어의 장벽을 가져왔고 서로 흩어지고 말았다는 이야기입니다.

하나님만큼 높아지려는 행위, 하나님과 같이 되려는 행위, 하나님의 권위를 멸시하려는 행위는 파멸을 가져옵니다. 하나님께서 천지를 창조하실 때에 이미 유전자를 만드셨습니다. 그 후 얼마나 많은 세대와 세월이 지났습니까? 이제 와서 염색체니, 유전자니 떠들며 하나님의 형상대로 지음 받은 사람을 만들겠다 하니 어찌 진노의 심판이 없겠습니까?

이러한 때에 하나님의 은혜로 심판 날에 구원받을 수 있는 길을 우리에게 열어 주셨으니 예수 그리스도를 믿는 믿음의 길입니다. 영의 눈을 떠 구원의 길이요, 생명이신 예수 그리스도를 바라보는 영생의 길을 걸어야 합니다.

예수께서 가라사대 내가 곧 길이요 진리요 생명이니 요 14:6

4부
....

내일을
생각하는
지혜

자연의
소리

　동, 식물들도 조용한 음악을 들으면 성장이 잘 되고 병에도 잘 걸리지 않으며 산란율도 월등하게 좋아진다는 연구 결과가 우리나라 농촌진흥청에 의해 발표되어 학계와 종교계에 큰 관심이 되고 있습니다.

　동, 식물들이 가장 좋아하는 음악은 자연 그대로 녹음한 새소리에 물소리를 곁들인 음악이라고 하니 음악이라기보다는 자연의 소리라 해야 옳겠습니다.

　이 음악을 "누에"에게 들려주었더니 누에나방 1마리의 산란수가 760개로 음악을 들려주지 않은 나방보다 평균 22%가 많았으며, 뽕나무의 키는 29%, 양란의 잎 길이는 44%, 해바라기는 29%씩 더 자랐다고 합니다.

또 병에 걸리는 비율이 음악을 들려주지 않았을 때 25%인데 비해 이 음악을 들려주면 3%만 병에 걸렸다는 것을 보면 식물이나 사람에게 음악이 얼마나 큰 영향을 미치고 있는가를 실감하게 합니다.

21세기 현대 문명은 분명 사람들을 아주 편하게 해 주고 있지만 반대로 사람들은 쉴 곳을 잃어버렸습니다. 짜증과 분노를 일으키게 하고 신경질 나게 하는 것들이 우리를 병들게 하고 삶의 의미를 상실하게 했습니다.

냇물이 흐르고 새들이 노래하는 자연에서만 살 수 없는 것이 현실입니다. 그렇다면 식물처럼 음악으로 대신해 들으며 살아야 할 것입니다. 괴성을 지르며 몸을 비틀어 흔드는 그런 음악이 아닌 자연을 느낄 수 있는 음악을 들으며 창조주 하나님을 생각하는 시간의 여유를 가져야 하겠습니다.

자연 속에서
하나님을 만나자

해마다 여름철이 되면 교회들마다 어린이 여름 성경학교, 각 기관별 수련회가 열립니다. 이를 위하여 막대한 예산도 사용됩니다. 그런데 그 성경학교나 수련회라는 것이 해마다 거의 비슷합니다. 성경공부인 공과공부는 적당히 해치우고 그저 먹고 놀고 선물이나 챙겨 가고는 끝입니다. 학생들의 심령이 뜨겁게 성화聖化된 것도 아니고 전도가 되어 빈자리가 채워진 것도 아닙니다. 도리어 수련회가 끝나고 나면 더 허전하고 교회당은 썰렁하기만 합니다.

이젠 우리 교회도 성경학교나 수련회의 제도를 좀 개선해야 된다고 생각합니다. 즉, 하나님의 말씀을 따라 실천하는 수련회가 되도록 해야겠습니다. 교회나 냇가가 아닌, 농어촌의 일터에서, 아니면 폐품을 수집하고 재생하는 공장에 가서 땀을 흘려 노동의 가치를 체험하고, 먹거리가 어떤 과정을 통해서 우리 식탁에까지 오는가를 바르게 익힐 수 있으면 정말 가치가 있겠다고 봅니다.

그런데 요즘 도시 아이들이나 부모들이 얼마나 이런 수련회에 호응할 것인가가 문제입니다. 수영장이나 샤워장이 고작이고 수박이나 참외는 냉장고 속에서 꺼내면 된다는 사고방식 속에 학교 성적 1점이라도 더 올려야 한다고 열을 올리는 판에 김매고, 풀 베는 농촌에 아이들을 보내겠는가 말입니다.

감기나 들지 않을까? 넘어져 다치지나 않을까? 모기, 날 파리에 시달리지나 않을까? 걱정하는 나약한 어머니들 품에 있는 아이들을 하나님의 원대한 자연의 섭리 속으로 끌어들여야겠는데 어디 좋은 수가 없을까요?

하나님이 세상을
이처럼 사랑하사

"하나님이 세상을 이처럼 사랑하사 …" 이것은 기독교의 주체가 인간이 아니라 하나님이라는 사실을 말해주고 있습니다. 인간이 하나님을 사랑한 것이 아니고 하나님이 인간을 사랑하사 죄 된 인간에게 찾아오심으로 구원을 성취하는 종교가 기독교인 것입니다.

이 세상에 수많은 종교가 있지만 모두 인간이 주체가 됩니다. 불교는 신이 없습니다. 그러므로 종교라 할 수가 없습니다. 석가모니에게는 한 번도 신이 찾아오지 않았습니다. 석가모니 자신이 깨달은 바는 인간의 태어남과 늙는 것, 병드는 것과 죽는다는 허무한 것만 깨달은 것입니다. 그래서 불교는 신이 없는 인간 철학이 되었습니다. 유교는 공자가 하나님께로 가는 자는 참된 인간이 된다고만 말했을 뿐 가는 길을 제시하지 못했습니다.

그러나 기독교는 하나님이 인간을 찾아 오셔서 "나를 따르라." 그리하면 "영생을 얻으리라." 하셨습니다. 신앙의 시작도 하나님이시고 신앙의 대상도 하나님이시고 신앙의 마지막도 하나님이십니다. 다만 인간에게 필요한 것이 있다면 그것은 '나는 죄인이로소이다.' 하는 깨달음입니다. 그런데 문제는 '내가 왜 죄인인가' 라고 하는 것입니다.

지난 월요일 저녁에 우리 교회에서 월요집회가 있었습니다. 이 월요집회는 우리 교회의 특별한 집회로써 매월 한 번씩 실시하고 있습니다. 지난 월요일 저녁에는 8시 30분에 시작해야 하는 집회가 9시나 되서야 시작했습니다. 시간이 되어도 아무도 오지 않았기 때문입니다. 초청도 많이 했고 준비도 많이 했지만 이 귀한 진리의 말씀을 듣고자 오는 사람은 없었습니다.

그래도 늦기는 했지만 9시가 다 되어 세 명의 청년이 왔습니다. 정전이 되어 촛불을 켜고 복음을 전하다 밤은 깊어 새벽 12시 40분에 집회가 끝났습니다. 주님을 나의 구주로 영접한다는 결심까지 모두 세 시간 사십 분이 소요되었습니다.

누구든지 복음을 들을 때 '나는 죄인입니다.' 라는 사실을 깨닫게 됩니다. 그래야 주님을 구주로 받아들이게 됩니다. 하나님께서 정의하시는 이 죄는 우리가 하나님을 섬기지 않은 신앙적인 죄를 말합니다. 우리가 믿고자 하면 성령님께서 도우십니다. 하나님께서 우리를 사랑하사 예수님을 보내 주셨습니다. 누구든지 믿기만 하면 새로운 생명으로 거듭나게 됩니다. 이 생명은 영원한 생명입니다.

하나님께서
당신과 함께

구약성서 욥기서에 보면 욥이라는 사람이 고난당하는 이야기가 나옵니다. 욥에게는 아들 일곱이 있었는데 하루아침에 모두 죽었고 재물도 모두 잃었습니다.

> 내가 모태에서 적신이 나왔사온즉 또한 적신이 그리로 돌아 가올찌라 주신 자도 여호와시요 취하신 자도 여호와시오니 여호와의 이름이 찬송을 받으실찌니이다 하고 욥 1:21

욥은 고통 중에 오히려 하나님을 찬양했습니다. 그 후 욥은 병이 들어 거의 죽게 되었습니다. 발바닥에서 정수리까지 악창이 나서 기와조각으로 살을 긁어도 시원치 않고, 구더기가 들끓어 진흙 구덩이에 뒹굴어도 낫지 않고, 죽을 날을 기다려도 죽지 못하는 고통의 날이 지속되었습니다.

> 내 살에는 구더기와 흙 조각이 의복처럼 입혔고 내 가죽은 합창되
> 었다가 터지는구나 욥 7:5

그러나 욥은 자기를 세상에 살게 하신 하나님을 원망하지 않았습니다. 욥이 당하는 괴로움을 우리가 어찌 다 이해할 수 있을까요? 자식과 재물과 건강, 이 모두를 잃어 버렸다면 그는 세상을 더 살아갈 이유가 없었을 것입니다. 그 지경에 무슨 감사와 찬송이 있겠습니까?

욥에게는 더욱 견디기 어려운 시련이 있었습니다. 그것은 육신적인 것이 아니고 정신적인 것이었습니다. 욥의 아내가(세상 사람들이야 뭐라 해도 아내만은 욥을 위로하고 힘이 되어 주고 격려해 주었어야 할 터인데) 욥을 저주한 것입니다. "당신이 그렇게 잘난 척하고 하나님만 섬기더니 잘된 게 뭐가 있소? 하나님을 욕하고 죽으시오."라고 한 것입니다.

거기에다 욥의 다정한 친구들도 욥의 마음을 아프게 했습니다. "욥이 하나님 앞에 죄를 지어 벌을 받는 것이다." 했던 것입니다. 사실 욥은 의로운 사람이었습니다.

우스땅에 욥이라 이름 하는 사람이 있었는데 그 사람은 순전하고
정직하여 하나님을 경외하며 악에서 떠난 자더라 욥 1:1

그럼에도 불구하고 욥은 고난을 당했으며 친구들에게까지 멸
시를 받아야 했습니다. 인간이 당하는 모든 고통에는 그 의미가
있습니다. 그것을 깨달아 아는 자들이 복된 자입니다. 끝까지 신
앙의 절개를 지킨 욥은 그 후 건강을 회복했고 재물도 전보다 갑
절로 얻었으며 자녀들도 얻었습니다.

욥의 이야기를 성서에 기록하도록 한 것은 하나님을 바라고
인내해야 됨을 알게 하려함입니다. 인생 속의 모든 것은 여호와
하나님의 손에 달려 있음을 알아야 합니다. 절망이란 있을 수 없
습니다. 환경 때문에 불평하거나 하나님을 원망해서는 안 됩니다.

환경이야 에덴동산보다 더 좋은 곳이 어디 있을까 만은 아담
은 그 좋은 환경에서도 죄를 지었습니다. 중요한 것은 하나님께
서 나와 함께 계심을 믿느냐 믿지 못하느냐에 달려 있습니다. 믿
음을 가집시다. 그리고 인내합시다. 밝은 내일이 우리 앞에 있습
니다.

하나님께
묻는 지혜

최초의 사람 아담과 하와의 아들 가인과 아벨에 대한 기록이 구약성서 창세기 4장에 있습니다. 가인과 아벨은 하나님께 제사를 드렸는데 하나님께서 아벨의 제사는 받으시고 가인의 제사를 받지 않으셨습니다. 왜 그리하였는지는 우리가 알 수 없으나 전지전능하신 하나님께서는 가인의 제사를 받을 수 없는 어떤 이유를 알고 계셨습니다.

가인은 하나님께서 자기 동생 아벨의 제사만 받으셨음을 시기하여 결국 동생 아벨을 죽이고 말았습니다. 가인은 동생을 시기하여 죽일 것이 아니라 하나님께 나아가 물어 보았어야 옳았을 것이며 잘못이 있었음을 깨달아 회개했어야 마땅했을 것입니다.

우리 한국 사람들에겐 남이 잘되면 배 아파하는 아주 못된 근성이 있습니다.

이솝 이야기 중에 이런 이야기가 있습니다. 어느 날 여우 한 마리가 매우 시장하여 먹을 것을 찾다가 잘 익어 맛나 보이는 포도송이를 발견하였습니다. 그러나 그 포도는 높은 넝쿨에 매달려 있어 따먹을 수가 없었습니다. 높이뛰기를 시도하였으나 번번이 실패하고 말았습니다. 배는 점점 더 고프고 그 포도는 딸 수가 없었던 여우는 그만 포기하고 그곳을 떠나면서 하는 말이 "저 포도는 시다."고 내뱉었습니다. 자기가 못 먹게 된 그 포도는 "신 포도"가 된 것입니다.

선거가 끝났으면 어찌 되었거나 당선을 축하해야 하고 존경해야 합니다. 그런데 오히려 비난하고 헐뜯고 욕을 합니다. 자기만 옳고 남들은 모두 잘못됐다고 하니 우리는 가인의 후예입니까? 아니면 여우입니까?

하나님을
아는 지혜

가슴이 답답하고 마음이 찢어질 듯 아픕니다. 내 자식은 아닐지라도 여고 3학년 학생이 "삶의 의미가 없어서…"라는 유서를 남기고 자살을 했다니 어찌 남의 일이겠습니까? 학교에서는 사람 되라고 가르치지 않고 공부하라고만 하니 삶의 의미가 없어졌다고 했습니다.

무엇을 위한 공부일까요? 하루에 도시락 두세 개씩 싸 가지고, 18시간씩 책상에 앉아 책과 씨름을 하니 어찌 몸인들 건강하겠으며 마음인들 건강하여 사랑의 꽃을 피울 힘이 있겠습니까?

내 자식 공부 잘하면 그만이라는 부모들과 인간의 인간다움은 뒷전으로 하고 오직 돈과 명예밖에 모르는 기성세대들은 제발 정신을 좀 차려야 하겠습니다.

"여호와 하나님을 경외하는 것이 지식의 근본"_{잠 1:7}이라 했거늘 어리석게도 "하나님이 어디 있느냐?" 하는 선생에게서 어찌 지식을 얻으며 인생의 삶을 배우겠는가 말입니다.

이제는 먹을 것이 없어 굶어 죽거나 추위에 얼어 죽는 일은 없습니다. 많이 공부한 인간 지식이 만들어낸 전쟁 무기에 의해 사람들이 죽어가고 있으며, 서로 미워하고, 헐뜯고, 시기하고, 분내는 악함이 싸늘한 시체로 만들고 있습니다.

하나님께서 우리에게 생명을 주셨습니다. 그러므로 우리는 회개하여 하나님께로 돌아가 그분 앞에 무릎을 꿇고 인생의 의미를 배워야 합니다. 그래야 영원히 살고 참 사랑과 평안을 얻게 됩니다.

하나님을 경외하고 그 명령을 지킬찌어다 이것이 사람의 본분이니라 전 12:13

어느 길로
가고 계십니까?

"목사가 가는 곳으로 교인이 가고, 교회가 가는 곳으로 국가가 간다." 라는 말이 있습니다. 좋게 생각하면 아주 좋은 답을 얻을 수 있고, 나쁘게 생각하면 아주 못된 답을 얻게 됩니다.

> 몸이 하나이요 성령이 하나이니 이와 같이 너희가 부르심의 한 소망 안에서 부르심을 입었느니라 주도 하나이요 믿음도 하나이요 침례도 하나이요 하나님도 하나이시니… 엡 4:4-6

교회는 하나가 되지 못하고 자꾸 분열합니다. 교회라는 간판이 붙어 있어도 진짜 교회인지 의심스러우며 목사라는 명함을 내밀어도 진짜 목사인지 의심하는 세대가 되었습니다.

그러나 분명한 것은 예수를 믿어야만 구원을 받고 영생할 수 있다는 사실입니다. 그러므로 교회와 목사는 있어야 하고 전도는 계속돼야 합니다. 어지럽고 복잡한 가운데서도 바른 선택을 할 수 있는 지혜가 있어야 합니다. 가짜가 많은 것은 진짜가 있다는 증거이고 말세가 되었다는 징조이니 정신 바짝 차리고 내 갈 길이 어디인지 알아야 합니다.

얼마 전에 문선명 씨가 외국의 목사들을 한국에 불러들여 관광을 시켜주고 그들의 이름을 빌려 일간신문에 대문짝만 하게 자기를 지지했다고 성명서를 내었습니다. 불신자들을 유혹하려는 처사입니다. 통일교도 교회로, 문선명 씨도 목사로 인정을 받아 보려고 별난 수단을 다 쓰고 있습니다. 거기에 이용당하는 얼간이 같은 외국 목사들도 한심스럽지만 돈이라면 오금을 못 펴는 한국 사람들(다는 아니겠지만)도 문제입니다.

돈만 많이 벌면 출세를 했고, 성공했고, 훌륭하다고 생각해서는 안 됩니다. 그 돈을 어떻게 벌었느냐가 더 중요하며 어떻게 쓰고 있느냐는 더욱 중요한 것입니다.

교회는 영생의 길을 가르치고 인도하며 구원의 회개를 촉구하는 사명을 감당해야 합니다. 그리고 그리스도 예수를 세상에 보내시어 우리의 허물을 대신하여 십자가를 짐 같은 하나님의 큰 사랑을 구체적으로 표출해내어야 합니다.

친구가 타락했다고 같이 타락해서는 안 되며 나라가 어지럽다고 아무렇게나 살아서도 안 됩니다. 길이요, 진리요, 생명이신 예수 그리스도를 따라 바른 길을 가야만 합니다. 오직 주 예수만 바라보고 천국을 향해 나아가야만 합니다.

교회는 영생의 길을 가르치고 인도하며
구원의 회개를 촉구하는 사명을 감당해야 합니다.

내일을 생각하는
지혜

사람의 지식은 참으로 대단합니다. 젊었을 때의 자기 피를 뽑아 보관했다가 노년에 그 피를 되찾아 넣으므로 젊은이의 건강을 누릴 것이라 하며, 낡은 신장을 떼어버리고 플라스틱으로 만든 새 신장을 이식하여 오래오래 살 것이라 하며, 우주 정거장을 만들어 우주를 관광하게 될 것이라 하며, 컴퓨터 두뇌를 개발하여 지능지수I.Q 300을 능가하는 로봇을 만들어 종으로 부릴 것이라 하는 시대에 우리가 살고 있습니다(그러다가 그 로봇에게 종이 될지도 모름).

그러나 내일은 모릅니다. 시간은 과학으로도 밝힐 수 없으며 논리로도 설명되어지지 않습니다. 성경에 "너는 내일 일을 자랑하지 말라 하루 동안에 무슨 일이 일어날지 네가 알 수 없음이니라"_{잠 27:1} 기록하고 있습니다.

전쟁과 천재지변, 교통사고와 각종 질병을 인간의 힘으로 해결할 수는 없습니다. 그러므로 인간은 겸허하게 창조주 하나님을 의지하고 그를 경외해야 합니다.

모든 육체는 풀과 같고 그 영광이 풀의 꽃과 같으니 풀은 마르고 꽃은 떨어지되 오직 주의 말씀은 세세토록 있도다 벧전 1:24

이성과 믿음
理性

　　이성은 하나님께서 우리에게 주신 좋은 선물입니다. 그러나 이성만을 가치와 판단의 기준으로 삼고 살아가려는 사람들이 많은데 이런 경우 우리는 하나님과 먼 거리에 있게 됩니다.

　　신문과 TV에서 전해주는 뉴스만으로 옳고 그름을 판단하기 어려우며 지금 현재 내가 행하고 있는 이 현실 속에서의 가치관이 항상 정당하고 옳다고 보기에는 어려운 것입니다. 더군다나 하나님 나라는 이성으로 측량하지 못합니다. 하나님 나라는 오직 믿음으로만 볼 수 있습니다.

　　구약성서에 노아라는 인물이 있습니다. 그는 하나님 말씀에 따라 육지에 방주(배)를 지어 홍수가 일어나 온 세상을 덮었을 때 구원을 받은 사람입니다. 노아라는 사람이 뭇 사람들에게 조롱과 비난을 받으면서도 오랜 세월 동안 방주를 지은 것은 결코 이성적인 행동이 아니었습니다. 그의 행동은 믿음으로 행해졌으며 그 결국은 그와 그 가족이 구원을 받았습니다.

모세라는 사람은 고대 이집트의 왕자로써(양자이긴 하지만) 장차 왕권을 잡을 수 있는 가능성도 충분했었지만, 그 영화를 물리치고 자기 백성(히브리인)과 함께 고난 받는 길을 택했으니 이 또한 결코 이성적 판단이 아니라 오직 믿음으로 행한 것이며 결국은 자기 백성을 구출해 낸 위대한 영웅이 된 것입니다.

목동이었던 어린 소년 다윗이 적군 블레셋 대장 골리앗에게 대결하겠다고 물매 돌 다섯 개를 들고 전쟁터에 나간 것은 이성적 행동이 아니라 믿음이었습니다. 다윗은 골리앗을 쳐서 넘어뜨렸고 전쟁에서 승리했습니다.

믿음의 결국은 승리와 축복입니다. 우리에게는 이 믿음이 필요합니다. 믿음은 하나님께서 그리스도 예수를 자신의 구주로 받아들인 모든 이들에게 구원을 주시는 은사이며 선물입니다. 누구든지 이 믿음을 얻을 수 있습니다. 교회에 나아가십시오. 그리고 예수 그리스도를 믿으십시오.

내일이면 늦습니다

히말라야 산속에 서식하고 있는 새 중에 "야맹조"라는 새가 있습니다. 이 새는 낮에는 신나게 노래하며 놀다가 밤이 되면 잠 잘 둥지가 없어 다른 새의 둥지에 가서 잠을 잡니다. 그러니 둥지를 가진 새들이 그냥 둘 리가 없습니다. 부리로 쪼아대고 밀어내고 구박을 합니다. 그래서 밤새도록 구박을 받던 야맹조는 서러워 하염없이 눈물을 흘리며 "내일이면 나도 집을 지으리, 내일이면 나도 둥지를 만들리라." 한답니다.

그러나 이 새는 그 일생이 다가도록 자기 집을 짓지 못하고 죽고 맙니다. 참 어리석은 새라고 생각합니다.

그런데 우리 중에도 야맹조와 같은 사람이 있습니다. 술집에서 거나하게 취하여 셋방에 돌아와 아내에게, 자식에게, 집주인에게 구박을 받을 때면 "내일은 나도 술 끊으리라, 내일이면 나도 좋은 아빠가 되리라." 하지만 늙어서 허리가 꼬부라지도록 자기 집 하나 장만하지 못합니다. 전자오락실에서, 극장에서, 락카페에서, 노름방에서, 섹스의 환각에서, "내일은, 그러지 않으리, 그러지 않으리!" 하면서도 헤어나지 못하는 사람들이 많습니다.

당신은 어떻습니까? 내일이면 너무 늦습니다. '내일에 하리라.' 생각하면 또다시 내일이 됩니다. 지금이어야 합니다. 지금 일어서야 합니다. 그래야만 내일에 광명하고도 찬란한 빛이 있게 됩니다.

시간은 죽음을 재촉하고 있습니다. 내 영혼을 지으시고 육신을 입혀주신 하나님께서 내 영혼을 도로 찾는 그날에 우리는 고개를 들 수 있어야 합니다. 먹는 것과 입는 것, 즐기는 것, 소유하는 것, 자랑하는 것 이 모든 것은 잠시 동안일 뿐 영구한 것이 못됩니다. 늙어지고 병들면 아무것도 소용이 없으며 죽음의 공포만 역습해 옵니다.

아이들 키워놓고, 집 한 칸 장만해 놓고, 사업만 안정되면, 이것만 해결하고… 이렇게 미루다 보면 좋은 시절, 좋은 때는 다 지나 돌이킬 수 없는 후회만 남게 됩니다.

지금, 곧 일어서야 합니다. 주님께서 날 위해 그 큰 사랑을 쏟아 부어 주셨으니 그 사랑을 주의 이름으로 이웃에게 나누는 하나님의 사람이 되어야 합니다. 사람이 선한 일을 해야 된다는 것을 알면서도 실천하지 않으면 그것은 죄입니다 약 4:7.

사랑은 열매입니다

무엇이든 소중한 것은 순식간에 생겨나는 것이 아닙니다. 한 송이의 포도, 한 개의 무화과열매도 마찬가지입니다.

"자네가 지금 나에게 '무화과가 갖고 싶다'고 하면 나는 자네에게 '그러려면 시간이 필요해'라고 대답할 것이다. 먼저, 꽃을 피워야 하고, 열매 맺게 해야 하고, 무르익을 때까지 기다려야 하는 것이 당연한 이치이기 때문이다. 이렇듯 한 과실의 열매가 당장에, 순식간에 만들어지는 것이 아닐진대, 자네는 인간의 마음의 열매를 그렇게 짧은 시간에 손쉽게 지니고 싶은가? 내가 분명히 자네에게 말해 두는데 그런 건 기대하지 말게."

이 말은 노예이며 절름발이였으나 철학자인 "에픽테토스"가 그의 제자에게 한 말입니다.

열매 하나를 얻는 데도 시간과 정성과 땀이 필요한데 사람에게서 사랑의 열매를 얻기 위해선 더 많은 시간과, 땀 흘리는 노력과, 끝까지 기다리는 인내가 필요하다는 것입니다.

귀한 것일수록 거저 얻어지는 법이 없습니다. 우리는 흔히들 인생에서 가장 귀한 것은 생명이고, 사랑이라고 합니다. 그러면서도 그 사랑을 거저 얻으려고 합니다. 몇 번 만나 차 한 잔 나누었다고 사랑일 수 없으며 안아주고 입 맞추었다고 사랑일 수 없습니다. 참된 사랑을 위해서는 그 사랑의 가치만큼이나 대가가 지불되어져야 합니다.

하나님이 우리를 사랑하사 독생자 예수를 보내어 대속제물이 되게 하신 그 희생의 값이 우리와 하나님과의 사랑을 이룬 것입니다. 그리스도의 희생은 살을 찢는 아픔과 죽음의 고뇌인 십자가상의 참을 수 없는 피 흘림이었던 것입니다. 가슴 저미는 아픔 없이 사랑을 맛볼 수 없으며 희생이라는 대가 없이는 사랑의 가치를 알 수 없습니다.

당신은 지금 어떤 사랑을 하고 있습니까? 씨를 심고, 물을 주고, 영원한 행복의 열매를 바라보며 오늘을 투자하고 있습니까? 아니면 남이 만들어 놓은 사랑을 공짜로 얻어 행복하고자 흉내

내고 있습니까? 아니면 남들이 사랑의 열매를 먹을 때 구경만 하고 있습니까?

지금이라도 늦지 않았습니다. 진실한 사랑의 기쁨을 위해서라면 몸과 마음, 시간과 물질, 그 무엇이라도 아끼지 않아 썩히고 죽어져 희생의 제물이 되어야 합니다. 세월이 지난 후엔 반드시 그 열매를 먹을 수 있습니다. 뿐만 아니라 썩은 밑거름이 많을수록 열매는 풍성한 법입니다.

그러는
동안···

한 주일이 빨리 가는 게 아니고 한 달이 빨리 갑니다. "당신은 무엇을 위해 사는가?"라는 질문에 대답할 말이 없습니다. 사람이 사람답게 살아야 하고, 마땅히 해야 할 일을 해야 함에도 불구하고 우리 모두는 사는 것이 무엇인지 모른 채 그저 당면한 눈앞의 문제에만 급급해 합니다. 그러는 동안 세월은 갑니다.

내 집 한 칸 마련하기 위해 오직 그 일을 위해 분투노력 하는 사람, 빚진 돈을 갚기 위해 오직 그 일에 전력하는 사람, 자녀들 대학 졸업할 때까지만 기다리는 사람, 사업이 성공하기까지 밤낮으로 매달려 애쓰는 사람 모두들 놀고 있지는 않습니다. 힘쓰며 바쁜 날을 보냅니다. 그러나 남는 것은 여전히 없습니다. 모두 사라지는 것들입니다. 풀만 먹고 사는 소도, 물속에 사는 물고기도 사람에게 유익을 끼치는데 하물며 좋은 것만 가려먹는 사람은 무슨 유익을 남겨야 할까요?

하나님께서 인간에게 허락하신 삶을 사는 동안 하나님을 경외하며 찬양해야 합니다. 하나님께 예배드리는 것을 하찮게 혹은 거추장스럽게 여겨서는 안 됩니다. 사회사업을 하거나, 학교를 세우거나 하는 등의 뭔가 이루어 놓아야 한다고만 생각하지 말아야 합니다. 물론 이 모든 것들도 중요합니다. 그러나 이 모든 것은 하나님을 섬기는 믿음 안에서 이루어져야 합니다.

나의 무릎이 주님께 꿇어지지 않으면 모든 것은 헛되고 맙니다. 비록 사람에게 인정을 받지 못할지라도 생명을 귀히 여겨 그 영혼을 주께로 돌아오게 하는 일이야말로 가장 값진 것입니다. "사람에게는 버린바 되었으나 하나님께는 택하심을 입은"^{전 2:4} 예수 그리스도를 생각해야 합니다.

그_{예수}의 능력은 학교를 세우고 병원을 세우고 이스라엘뿐만 아니라 전세계의 주권자_왕가 되고도 남음이 있는 분이었습니다. 그러나 예수님은 그렇게 하지 않았습니다. 불쌍하고 가련하고 멸시와 조소 속에 버려진 여인의 손을 잡아 죄 사함과 자유함과 위로를 주시는 그런 분이셨습니다.

주 하나님을 경외하는 자, 주와 같이 동행하는 자가 되리라.
비록 모든 사람에게는 다 존경받지 못할지라도!

하나님께서 인간에게 허락하신
삶을 사는 동안 하나님을 경외하며
찬양해야 합니다.

책 읽기

정말 찌는 듯한 더위입니다. 녹아 버릴 듯한 아스팔트 위에 자동차 행렬은 느릿느릿합니다. 강으로 바다로 모두 빠져나가 서울거리는 텅 빈 것 같습니다. 산촌 구석구석, 냇가가 있는 곳이라면 벌거벗은 사람들로 가득합니다.

언제부터인지 모르지만 더위를 피해 강으로 바다로 피서 가는 일이 큰일로 여겨지고 있습니다. 피서 간다 해도 앞 차의 행렬을 따라 막히는 고속도로를 지나야 하고, 가서도 별 다름 없이 먹고 마시고, 물장구치다 쓰레기들만 남기고 짜증 속에 돌아옵니다. 뭐 얻은 것이라고는 하나도 없습니다. 살만 찌는 것 같습니다.

어떻게 생각하십니까? 불과 10여 년 사이에 비만증 어린이가 크게 늘어나고 있다고 합니다. 서울시 교육위원회의 통계에 따르면 키는 더 커지고 몸무게는 더 늘었지만 체력은 떨어졌다고 합니다. 잘 먹기만 하고 운동을 안 한 결과인 듯싶습니다.

뿐만 아닙니다. 생각할 필요가 없습니다. 다시 말하면 소견머리가 없습니다. 1분이면 먹을 수 있는 라면이 있고, 전자계산기가 있고, 내비게이션이 있고… 별 생각할 여지가 없습니다. 누르면 되고, 돈이면 모든 할 수 있습니다.

'책속에 길이 있다.' 하는 명언은 옛말에 불과합니다. 요즘 같은 무더위에 "책"을 읽고 있는 사람은 좀 모자라는 사람 취급을 받거나 아주 대단한 일을 하는 사람 취급을 받습니다.

어떤 사람이 아파트로 이사를 해 책장을 비워놓기가 뭐해서 책장에 맞는 책을 사서 꽂았다고 합니다. 남 보기에 좋으라고 책을 꽂아 둔다면 그 사람의 마음에는 무엇이 담길 수 있으며 머릿속에는 무엇이 남게 될까요?

예수 믿은 지 30년이 되고, 집사가 되고, 장로가 되어도 그 집에 성경책 말고는 성서적인 책 한 권이 없다면 어찌 열매가 여물 수 있으며, 넓은 마음, 풍요로운 삶이 익을 수 있을까요?

책은 정신의 주식입니다. 마음의 양식이 됩니다. 하나님의 말씀을 담은 좋은 책은 짜증을 몰아내고, 부조리를 몰아내고, 내 마음을 하늘만큼 바다만큼 높고 넓게 해 줍니다. 더위 속에서도 샘이 솟고, 혼탁하고 불안한 세대 속에서도 진리의 길을 가게 합니다. 어려서부터 책을 읽는, 그래서 어려운 문제에 부딪히면 그 속에서 길을 찾는 습관을 길러야 합니다.

하나님의 말씀을 담은 좋은 책은 짜증을 몰아내고,
부조리를 몰아내고, 내 마음을 하늘만큼 바다만큼
높고 넓게 해 줍니다.

예비하는
지혜

이러므로 너희도 예비하고 있으라 생각하지 않은 때에 인자가 오리라 마 24:44

"소 잃고 외양간 고친다."는 말이 있습니다. 지난번 우리 교회에 좀도둑이 들어 마이크 하나를 훔쳐갔습니다. 그 후 좋은 마이크는 예배 후에 깊은 곳에 보관하고 있습니다. 진작부터 그렇게 보관하는 지혜가 있어야 하는데, 정말 소 잃고 외양간 고친 격이 되었습니다.

그리스도인들에게는 "고난"이라는 것을 대처하기 위해서 믿음이라는 것이 필요합니다. 그런데 이 믿음이 필요할 때 바닥이 나 있지 말아야 할 것입니다. 큰 믿음이 있어야만 산(태산과 같은 걱정거리)을 옮길 수 있을 텐데, 그 믿음이 없다는 데 문제가 있습니다. 환난을 대처하는 이 믿음은 평안할 때야말로 키우고 쌓아 두어야 할 때임을 깨닫고 행하는 지혜가 필요합니다.

내가 존경하는 장로님 한 분이 계십니다. 그분은 목수입니다. 큰 목수도 아니고, 문짝이나 짜고 집수리나 하는 그런 목수입니다. 그러나 믿음으로 사는 근면, 성실한 분입니다.

그런데 그만 어느 날 집수리를 하다가 높은 곳에서 떨어져 허리를 많이 다쳤습니다. 병원에 입원을 했지만 고치지 못했습니다. 병원비를 대느라 그나마 삶의 보금자리인 전세방은 월세방으로 바뀌게 되었고 대학에 다니던 딸자식은 학교를 휴학하고 직장을 얻어 돈벌이에 나섰습니다. 그 장로님의 부인인 권사님도 시장에 나가 나물장사를 시작했습니다. 참으로 딱한 사정이었습니다.

좁은 방 아랫목을 차지하고 누워 고통과 씨름하기를 2년이란 세월이 지나도록 병세는 차도가 없었습니다. 그 장로님께서 나가시던 교회에서도 한두 번 찾아와 주고는 그 후 아무도 심방을 와 주지 않았습니다. 그 교회에서 성전 건축이 시작되었기 때문입니다.

장로님과 권사님은 마지막까지 간직하고 있던 결혼 패물인 십자가 목걸이와 반지 하나를 건축헌금으로 드리기로 결정하고 가정예배를 드리던 그때 그 장로님의 기도가 지금도 생각납니다 (그때 나는 집사였고, 그 장로님과는 오랜 교제가 있었습니다.).

"주님! 장로가 되어 본 교회성전을 건축하는데 드릴 것이라고는 이것밖에 없어 부끄럽습니다. 그러나 이것이나마 간직하고 있다가 드릴 수 있는 것이 얼마나 감사하고 기쁜지 모르겠습니다."

장로님이 병중에 하루도 거르지 않고 드리던 가정예배는 장로님께서 다치시기 전에 드리던 가정예배보다 더 은혜스럽고 감사가 넘쳤습니다.

그 믿음이 어디서 왔을까? 참으로 귀한 믿음이었습니다. 그후 장로님은 병석에서 일어났고 사위와(끝내 대학을 졸업하지 못하고 출가한 딸의 남편) 함께 시작한 건축업이 번창하여 지금은 부끄럽지 않은 삶을 살고 계십니다.

그때나 지금이나 그 가정에 하나님을 경외하며 예배드림이 변함없음을 볼 때 목사가 된 지금의 나도 고개를 숙이지 않을 수 없습니다. 환난 날을 위하여 오늘에 믿음을 쌓아두는 지혜가 있어야겠습니다.

체면보다는
진실

높으신 어른 앞에 있거나, 예배 중이거나, 중요한 일로 회의
중일 때 우리는 화장실에 가고 싶어도 꾹꾹 눌러 참습니다. 그러
나 유태인은 참지 않습니다. 소변이 마려우면 아무 때나 거리낌
없이 화장실을 찾습니다.

동양적인 미덕인지는 몰라도 우리들은 너무 많은 일에 남을
의식하고 삽니다. 체면 때문에 자신은 늘 손해보고 삽니다. 자기
자신은 자기가 관리해야 하고 자기에 대한 책임은 자기가 져야
합니다. 자기 자신이 뿌린 씨의 열매를 거두는 것은 당연한 이치
입니다.

유대인들은 "술을 한 방울도 마시지 않는 자는 지혜의 문을

열 수가 없다."며 적당량의 음주를 권하고 있지만 알코올 중독자는 거의 없습니다. 그러나 우리나라 기독교에서는 술을 절대 금하고 있지만 기독교인 중 알코올 중독자는 6%나 된다고 합니다.

자선을 베푸는 것도, 손님을 접대하는 것도, 교회에 나오는 것도, 모두 자기 자신의 유익을 위해서입니다. 그러므로 체면 때문에 마지못해 하는 그런 습관을 버리고 하나님 앞에 정말 진실한 삶을 살아야 합니다.

5부

오직
예수

깨어 있어야!

죽은 나뭇가지에는 봄이 소용없습니다. 4월말이면 아무리 그 늘진 곳에 있는 나무라 할지라도 새싹을 내게 됩니다. 그렇지 못한 나무는 죽은 나무입니다. 그것이 포도나무이건 사과나무이건 상관없이 잘라내어 불에 태웁니다. 봄은 죽은 나무와 살아 있는 나무를 가려 정리하는 계절입니다.

봄이라는 기회는 꼭 찾아옵니다. 겨울이라는 불경기의 침체 속에 웅크리고 있을 때는 다 같이 기를 펴지 못해도 봄이 왔을 때는 생명 있는 삶은 생동력이 있게 마련입니다.

하나님께서 우리에게 주시는 영적인 봄은 육안으로 볼 수 있게 임하지 않습니다. 마음속의 영적인 봄은 개인마다 다르게 임하기도 합니다. 우리는 그 봄을 놓치지 말아야 합니다. 기회란 그리 흔한 것이 아닙니다. 그러므로 항상 깨어 있어야 합니다. 철새가 그 철을 놓치게 되면 어떻게 될까요?

계절의 봄이 오면 목련이 먼저 꽃피우고 개나리 진달래가 뒤를 따릅니다. 저절로 되는 현상 같지만 하나님께서 우리에게 하나님의 섭리를 깨닫게 하시려고 보여 주시는 산교육입니다. 미련한 자는 보고도 깨닫지 못합니다.

요셉은 감옥에서 봄을 기다렸고, 야곱은 외삼촌의 집에서 머슴살이를 하면서 하나님의 봄을 기다렸습니다. 우리는 죽은 나무가 아닙니다. 어떻게 보면 겨울나무처럼 죽은 것같이 보일지 몰라도 결코 죽은 것이 아닙니다. 하나님께서 인도하시는 영적인 봄을 기다리며 오래 참고 인내함이 있어야 합니다. 그러나 항상 깨어 있어 때를 놓치지 말아야 합니다. 한번 놓치면 수십 년이 걸리기도 하고, 어떤 경우에는 영원히 오지 않을 수도 있습니다.

주의하라 깨어 있으라 그 때가 언제인지 알지 못함이니라 막 13:33

주님이 기뻐하시는
교회

복음은 유대 땅 예루살렘에서부터 시작하여 로마와 영국을 거쳐 미국으로 그리고 한국으로 전파되었습니다. 그런데 유대 땅인 이스라엘에는 예수를 믿는 사람들을 눈 씻고 찾아보아도 힘들 정도이고 이태리와 영국의 교회당 또한 텅 비어 있습니다. 미국의 교회들도 큰 예배당에 빈자리가 늘어가고만 있는 것이 현실입니다.

한국 교회도 머지않아 덩그러니 예배당만 남고 교인이 없는 때가 오지 않을까 걱정스럽습니다. 왜, 처음에는 은혜가 뜨겁고 충만하여 열심이 있다가 시간이 지나면 시들해지는 것은 하나님에 의한 신앙이 아니라 사람이 신을 찾아가는 종교성 신앙이기 때문입니다. 하나님을 섬기는 것이 아닌, 하나님을 이용하여 자기의 이익을 채우는 식의 신앙이 되다 보니 어느 정도 욕구가 채워지면 하나님을 불필요하게 여깁니다. 가난에서 벗어나고, 즐길 수 있는 오락과 스포츠가 있고, 건강보험제도로 병에 걸려도 곧바로 치료 할 수 있으니 하나님은 별로 필요치 않게 생각하는 것입니다.

우리는 눈이 어두운 양과 같아 눈에 보이지 않는 위험이 도사리고 있는 것을 모르고 있습니다. 그러기 때문에 환난 중에도 주님께 나아가야 하겠지만 풍족함과 즐거움 속에서도 주님께로 향한 신앙은 더 돈독해야 합니다. 십자가 보혈의 공로로 구원받는 복음이 증거 되는 교회여야 하며 영혼을 사랑하여 전도하기를 최우선으로 하는 교회가 하나님을 기쁘시게 하는 교회입니다.

우리 교회는 어떤 교회일까요?

사탄이
쓰는 도구

마지막 심판 때가 되자 사탄은 그 하던 일을 그만두고 제 갈 길을 가야만 했습니다. 수천 년 동안 해 오던 일을 그만 두려니 여간 섭섭한 것이 아닙니다. 그래서 사탄은 전시회를 열었습니다.

전시회란 자기가 지금까지 사용하던 모든 도구(무기)를 전시하는 것입니다. 빨간색 양탄자 위에 자기가 인간들을 미혹하여 죄를 짓게 하고, 망하게 하고, 약하게 만들고, 타락시키는 데 사용했던 여러 가지 도구들을 나란히 진열했습니다. 별난 전시회에 사람들이 꽤 많이 모였습니다.

거짓말, 시기심, 질투심, 분노, 고집, 욕심, 보복심, 미움, 교만, 혈기, 음행, 우상숭배, 술 취함 등등… 그 수를 이루 헤아릴 수 없었습니다. 그 중에는 사용한지 오래되어 녹이 난 것도 있었고 무디어져서 못쓰게 된 것도 많았습니다.

그런데 맨 끝에 진열된 도구 하나는 은빛으로 반짝반짝 빛나고 있어 얼른 보아도 많이 사용한 것이고 최근까지 사용한 것임에 틀림없었습니다. 가까이 가보니 그것은 쐐기였는데 '실망'이라고 씌어져 있었습니다. 사탄은 그곳에 사람들이 많이 몰려들자 신바람이 나서 설명을 하고 있었습니다.

"크리스천들은 웬만한 도구를 사용해서는 잘 넘어지지 않습니다. 그런데 이 쐐기를 사용하면 잘 넘어집니다. 나는 기회를 엿보고 있다가 크리스천들이 뭔가가 잘 안 될 때 다가가서는 이 실망이란 쐐기를 그 마음에 박으면 곧 무기력하여지고 주저앉게 됩니다.

목사에게 실망하고, 집사에게 실망하고, 자기 자신에 실망하고, 하는 일에 실망하게 하는 이 도구는 쐐기모양으로 되어 있어 조그마한 틈만 있으면 들어갈 수 있습니다. 별것 아닌 것 같아도 실망하기 시작하면 그 틈새로 오만 가지의 생각이 파고 듭니다. 그게 내 전술이었습니다."

어떤 사람이 사탄에게 물었습니다.

"그 쐐기를 사용해도 넘어지지 않는 사람들도 있었나요?"

사탄은 씁쓰레한 표정으로 대답을 했습니다.

"예, 극히 소수이긴 합니다만 더러 있었습니다. 주로 '감사'하는 크리스천들인데 대개 겸손한 사람들입니다. 그들은 실망하지 않고 도리어 믿음이 좋아집니다. '감사'하는 크리스천들에게는 나도 어쩔 수가 없었습니다."

당신은 무엇 때문에, 누구 때문에 실망하고 있습니까?

말과 신앙심

신약성서 야고보서는 신앙심이 있는 자를 어떻게 알 수 있는 가에 대하여 이렇게 말씀하고 있습니다.

누가 스스로 신경건하다고 생각하면서도, 혀를 다스리지 않고 자기 마음을 속이면, 이 사람의 신앙은 헛된 것입니다 약 1:26 새번역

마음의 표현은 혀로 나타내며 신앙인의 신앙고백도 혀를 통해서 나타냅니다. 그러므로 혀는 전 인격의 대언자이며 마음 전체의 표현이기도 합니다. 그런데 마음이 누구에 의하여 조종을 받느냐에 따라 악한 말이 되거나 은혜의 말이 됩니다.

악한 말이라 함은 인간으로 하여금 하나님의 사랑에서 떠나

세상(세상은 마귀가 감정적으로 지배하는 곳)을 더 사랑하게 하는 것입니다. 그래서 자신도 모르게 사탄의 조종을 받아 이웃에 대해 험담을 하고 불화를 조성하고 분을 일으켜 하나님의 사랑과는 거리가 먼 길로 끌고 들어가 결국 자신이나 남에게 모두 기쁨을 잃게 합니다.

탈무드에 이런 말이 있습니다.

"남의 말 하기를 좋아하는 이는 무기를 가지고 사람을 해치는 자보다도 더 악한 자입니다. 왜냐하면 무기는 가까이 다가가야만 사람을 해할 수 있지만 중상모략은 멀리서도 남을 해할 수 있기 때문입니다."

중상모략, 험담 등으로 한 번 마음의 상처를 입은 사람은 찾아가서 용서를 빌어도 상처가 아물지 않습니다.

탈무드는 또 이렇게 말합니다.

"타고 있는 장작에 물을 끼얹으면 '속'까지 차지지만 중상으로 노여워하고 있는 사람에게는 빌어도 마음속의 불을 끌 수는 없습니다."

그런데 문제는 중상을 하고 있으면서도 그것이 왜 나쁜 것인지 모르고 있다는 사실입니다. 그러므로 성령 충만함을 받지 아니하면 우리는 언제나 말의 실수를 범하게 됩니다.

"한 샘에서 어찌 쓴물과 단물이 날 수 있을까요?"

오고 가는
정이 있는 곳

세계 여러 나라의 인사예절은 모두가 다르지만 그중에 우리 한국만큼 아름다운 인사는 없으리라 생각됩니다. 그것도 긴치마 저고리에 긴 머리를 예쁘게 땋아 댕기를 드린 소녀의 큰절은 어느 나라에 가도 볼 수 없는 한국 고유의 아름다움입니다.

지난 정초에 우리 교회 고등부 여학생 몇몇이 한복을 차려입고 내게 세배를 하러 왔는데 아들만 셋 키운 나에게는 얼마나 예쁘게 보였는지 세뱃돈을 주지 않을 수 없었습니다.

그런데 이 소녀들이 집사님들 댁에도 방문하여 인사를 드리고 그리스도 안에서의 사랑을 나누며 얻어진 수입(세뱃돈)으로 교회에 서류를 넣어 둘 책장 하나를 사 왔습니다. 교회 살림살이가 어렵다 보니 학생회나 청년회에 책장 하나 사주지 못했는데 이들은 스스로 자기 부서의 살림살이를 장만한 것이고 보면 대견합니다. 교회비품을 장만했다는 그것보다도 그리스도 예수 안에서 주고받는 아름다운 사랑이 우리 교회 안에 있다는 것이 즐거움입니다.

우리는 한 형제요 자매라고 말은 하지만 그렇지 못한 게 사실입니다. 각박한 세상에 사랑이 메마르고, 한숨 짓는 일은 많고, 그러면서도 외로움을 누구에게도 나타낼 수 없는 이러한 때에 예수님의 사랑을 주고받는 아름다운 마음이 오가는 교회가 있다면 누구인들 그 교회를 외면할까요?

오직 예수

영국의 저명한 수학자이며 철학자인 "알프레드 화이트 테드" 교수는 폭설이 내려 길을 분간할 수 없는 런던의 어느 언덕길을 오르다가 눈길에 미끄러져 허우적거리는 한 노파를 부축하여 구해 주었습니다.

"고맙구려, 예수 믿는 분인가 보죠?"
"저는 예수를 믿지 않는데요."

노파는 버럭 화를 내었습니다.

"어쩌자고 다 늙은 사람이 여태 예수도 안 믿소. 나는 눈 속에 묻혀 죽게 되면 하늘나라에서 주님 만날 것을 생각하고 찬송을 불렀는데, 쯧쯧⋯."

화이트 테드 교수는 숙연해졌고 그 길로 교회를 찾아갔습니다. 그러나 4주 동안 들은 설교는 철학적인 이야기뿐이었습니다. 목사님께서 노교수를 위해 특별히 준비한 설교였기 때문입니다. 교수는 목사님을 만나 자초지종을 이야기하면서 "철학적인 지식은 제가 더 많습니다. 제게 필요한 것은 저 노파가 가지고 있는 '예수'입니다."라고 말했습니다.

사실 예수를 바로 가르쳐주는 이도 드물고 예수를 믿어 주님과 같이 사는 사람도 귀합니다. 예배당 안에서는 교인이고 세상에서는 세상인이 되는, 자기가 편리한 대로 신앙생활을 하는 사람들이 많습니다.

성탄절은 세계적인 명절이고 누구에게나 즐겁고 기쁜 메리 크리스마스입니다. 그러나 참된 의미의 성탄절을 맞이하는 사람은 과연 얼마나 될까요? 예수는 나의 생명이고 나의 전부라고 고백하는 성도가 되십시오. 믿는 자가 되십시오.

오직 예수!

말씀의
양식

이런 말이 생각납니다.

"당신이 가지고 있는 성경책이 손때가 묻을수록 당신의 마음
은 깨끗해지고 성경책이 깨끗할수록 당신의 마음은 더럽다."

식욕은 건강의 원천입니다. 식욕이 떨어졌다면 건강에 위험
신호가 온 것입니다.

그리스도인에게는 무엇보다도 영의 양식인 성경 말씀을 먹
는데 아주 왕성한 식욕이 있어야 합니다. 하나님의 말씀이 싫어
지고 멀어진다면 병들어 가고 있는 징조이며 마귀와 가까워지고
있다는 증거입니다.

먹고 자고 놀기만 한다면 어찌 식욕이 좋아질까요? 땀 흘려 일하는 자에게 왕성한 식욕이 있게 마련입니다.

말씀의 영적 식욕은 전도하는 데 있고, 시련을 이기는 데 있습니다. 성경책 두 장도 읽기 전에 졸음이 오고 설교 시작시간부터 졸음이 온다면 문제가 있는 것입니다. 전도하는 데 열심을 내고, 기도하는 데 땀을 흘리고, 찬양하는 데 정열을 기울이십시오. 하나님 말씀이 송이 꿀같이 달 것이며 당신의 영혼은 강건할 것입니다.

통회 자복

싸움을 할 때는 소리를 지르고 열을 올리고 삿대질을 합니다. 혈기를 부리며 핏대를 올릴 때는 조용조용 말하지 않습니다. 체면도 양심도 없습니다. 화가 나는데 그게 무슨 소용입니까? 죄를 지을 때는 그렇게 짓습니다.

그런데 그 죄를 회개할 때는 어떻습니까?

하나님이 어디 귀가 먹었느냐고 하면서 조용조용 묵상 기도합니다. 그래서는 안 됩니다. 회개기도는 통회하고 자복하는 기도입니다. 통회 자복은 그냥 되는 것이 아닙니다. 땅을 치고 가슴을 치며 울부짖어야 합니다. 죄를 지을 때 체면불구하고 열을 올려 소리치던 것보다도 더 큰 소리로 통회 자복해야 합니다. 진심으로 울어야 합니다.

하늘을 우러러보지도 못하고 가슴을 치며 "이 죄인을 불쌍히 여기소서" 하였던 세리의 기도가 되어야 합니다. 인정도, 긍휼도, 사랑도 없어 메마른 심령에 눈물로 적셔 새싹을 돋우어야 합니다. 주님은 회개하는 자에게 용서와 긍휼을 베푸시며, 사모하는 자에게 은혜를 베푸십니다.

하늘나라에
보화를

청년 시절 교회 주일학교 부장직을 맡아 일했을 때 기억되는 일이 있습니다. 그때 유, 초등부 어린이들이 한 80명 되었는데 나는 그 아이들에게 약속하기를 1년 동안 지각이나 결석을 하지 않으면 트랜지스터 라디오 한 대를 상으로 준다고 했습니다. 그런데 끝내 두 아이가 그 상을 받았습니다(그때 라디오 값은 상당히 비쌌습니다).

여름방학 때 엄마, 아빠 모두 여름휴가를 떠났어도 그 아이들은 혼자 남아 라면을 끓여 먹으며 여름성경학교에 나왔고 새벽기도회에 지각하지 않으려고 교회에서 철야까지 하는 극성을 부려 결국 라디오 한 대씩을 상으로 받았습니다. 그들은 지금 모두 성숙한 청년이 되었습니다.

그 중 한 아이는 대학을 졸업하고 곧바로 취직을 했고, 교회 학교 선생이 되어 아이들을 가르치고 있는데 하늘나라에 두 가지 보화를 쌓는 즐거움으로 살아간다고 합니다.

그 하나는 유년부 아이들을 1년 내내 지각 결석 없는 제자로 양육하여 하늘나라에 쌓는 것이고, 또 하나는 직장생활을 하여 받은 월급의 십일조를 하나님께 드려 하늘나라 창고에 쌓는 것이라고 합니다. 첫 월급을 타서 십일조를 드릴 때는 너무 감사해 울면서 드렸고 1년 동안 빠짐없이 십일조를 드렸을 때는 하늘에 쌓여진 십일조를 생각하느라 밤잠을 못 이루었다고 합니다.

오직 너희를 위하여 보물을 하늘에 쌓아두라 네 보물이 있는 그곳에는 네 마음도 있느니라 마 6:19-21

만나의
의미

돼지갈비 하면 태릉, 설렁탕 하면 신촌, 칼국수 하면 명동을 연상하는 것처럼 "만나" 하면 40년 광야를 방황했던 이스라엘 민족을 생각하게 됩니다. 이스라엘 백성들은 주식과 부식의 재료가 오직 한 가지 만나밖에는 없었기 때문에 '무엇을 먹을 것인가'가 아니라 '어떻게 요리를 해야 하는가' 하는 고민이 있었습니다.

우리나라에서는 배추 한 가지로 20가지 요리를 하지만 히브리인들은 만나 한 가지로 1,001가지 요리를 만들었다고 하니 그 재능은 인정할 만합니다. 똑같은 일을 매일 반복하는 것도 힘들지만, 매일 같은 음식을 먹는다는 것은 더 고역일 것입니다. 만일 하나님께서 우리에게도 한 가지 음식만 먹어야 된다고 하셨다면 어떨까요? 불평이 이만저만이 아닐 것입니다.

사실 이스라엘 백성들도 만나에 싫증이 나서 투덜거렸던 모습을 민수기 11장에서 찾아볼 수 있습니다. 그들은 애굽에서 먹던 생선, 오이, 부추, 양파, 마늘, 수박을 기억하며 불평을 늘어놓았습니다. 그럼 하나님께서는 왜 자기 백성인 이스라엘 백성들에게 질리도록 한 가지 음식만을 먹도록 했을까요?

> 때에 여호와께서 모세에게 이르시되 보라 내가 너희를 위하여 하늘에서 양식을 비같이 내리리니 백성이 나가서 일용할 양식을 날마다 거둘 것이라 이같이 하여 그들이 나의 율법을 준행하나 아니하나 내가 시험하리라 출 16:4

사실 살아가는데 있어서 먹는 즐거움이 없다면 사는 재미도 없을 것입니다. 먹는 즐거움은 참으로 귀합니다. 그런데 하나님께서 먹는 것으로 자기 백성을 시험하신 것입니다. 하나님께 순종하는 것은 먹는 것보다 우선되어야 하며, 영원한 안식의 땅에 들어가려면 하나님 말씀에 절대 순종해야 함을 배워야 한다는 진리를 우리에게 말씀하고 있는 것입니다.

오늘을 살아가는 우리도 조금 더 잘 먹고자 하나님 말씀에 불순종하는 일이 없어야 하겠습니다. 성경은 우리가 아무리 가난해도 여호와 하나님을 경외하는 삶을 살면 행복할 수 있음을 가르쳐 주고 있습니다.

재산을 쌓아놓고 다투며 사는 것보다 가난해도 하나님을 경외하며 사는 것이 낫다. 서로 미워하며 살찐 쇠고기를 먹는 것보다 서로 사랑하며 채소를 먹는 것이 낫다 잠 15:16-17/공동번역

제자의
길

"천주교 신부님들은 결혼을 안 하는데 왜 목사님들은 결혼을 하십니까?"

어떤 젊은이가 나에게 했던 질문입니다. 꽤 오래전의 일이지만 그때 나는 신학교를 졸업한지 얼마 되지 않은 때여서 그냥 적당히 얼버무린 것 같습니다.

신부님들은 왜 결혼을 하지 않나요? 지금 생각해도 그 대답은 어려운 것 같습니다. 처, 자식 먹여 살리고 공부시키기 위해 대도시로만 몰려드는(모두 다 그런 것은 아니겠지만) 목사들에 비하면 신부님들이 멋있어 보입니다.

남편 노릇하랴(밤, 낮으로), 아비 노릇하랴, 사위노릇 하랴! 그래 가지고 언제 기도하고 언제 성경보고 교인들을 돌보겠습니까? 그래서 신부님들은 결혼을 하지 않고 독신으로 지내는가 봅니다.

"목사님! 신부님들은 결혼을 하지 않아 참 멋있어 보이고, 가운을 입고 다니셔서 품위가 있어 보였는데, 담배도 피우고 술도 드시는 걸 보고부터는 너무 실망했어요."

며칠 전 어느 여학생이 내게 한 말입니다. 목사님들은 그렇지 않은데 신부님들은 왜 술, 담배를 하실까요? 글쎄요. 거기에도 명쾌한 대답을 하기 어렵습니다. 아마 모르긴 하지만, 아내도 없고, 자식도 없으니 너무 외롭고 고독해서 그럴 테지 하는 일방적인 생각을 해 보지만 그런 것만은 아닌 것 같습니다.

분명한 것은 하나님 말씀입니다. "무릇 내게 오는 자가 자기 부모와 처자와 형제와 자매와 및 자기 목숨까지 미워하지 아니하면 능히 나의 제자가 되지 못하고…"눅 14:24 하였으니 처, 자식이 있으나 주님을 더 사랑할 수 있어야 예수님의 제자가 될 수 있다는 말입니다.

아내나 자식이 없으면서 주님을 따르는 것과 처자식이 있으면서도 주님을 따르는 그 충성도는 결코 같을 수가 없습니다. 자기 자신과 처자식까지 버리는 심정으로 주님을 따라 나서는 믿음이라면 이제 더 이상 다른 유혹에 넘어갈 이유가 없을 것입니다.

십일조

교회에 가면 십일조란 헌금을 드립니다. 십일조(十一租)라는 말은 거의 언어 역사만큼이나 오래된 말이지만 아직도 많은 사람들은 십일조가 무엇인지 잘 알지 못합니다. 십일조란 말은 10분의 1을 의미하는 히브리어 "아사르"Asar 라는 말에서 유래되었습니다.

그러나 십일조는 그냥 십분의 일을 말하는 것만은 아닙니다. 종교적인 관계를 언급하지 않고는 그 의미를 설명할 수 없습니다. 여호와 하나님을 섬기는 히브리 민족의 독특한 종교행위의 하나로 십일조를 그들의 신께 드렸으며 다른 이방 종교도 이를 따라 행해 왔음을 고대 역사에서 볼 수 있습니다.

창세기 14장 20절에 처음으로 십일조가 언급되었는데 그것은 이미 하나님을 섬기는 사람들 가운데 통상관례로 행해져 오고 있는 아주 자연스러운 행위입니다. 그 후에 십일조는 유대 율법에 속하게 되어_{레 27장} 지금까지 내려오고 있습니다.

십일조는 우리가 하나님께 헌신의 표로 드리는 헌금이 아닙니다. 그렇다고 이웃을 돕기 위한 기부금도 아닙니다. 십일조는 하나님의 명령입니다. 이것은 사람이 제정한 것이 아니고 하나님 자신이 명령하셨음으로 반드시 드려야 하는 것입니다.

십일조는 땅에서 생산되는 모든 곡식이나 채소, 과일류의 십분의 일, 그리고 가축의 십분의 일, 사람도 십분의 일을 하나님께 드려야 합니다. 십일조를 즉시 지불치 않았거나 십일조를 속였거나 좋지 않은 것으로 드렸을 경우엔 20%의 벌금이나 과태료가 추징되었고 가축의 열 번째가 십일조가 되는데 열 번째가 좋은 놈이라 아까운 마음에 아홉 번째와 바꿔 놓았다면 아홉 번째와 열 번째 모두 다 몰수되었습니다_{레 27장}.

사람은 매 가정에서 처음 난 장자를 하나님께 드려야 되나 그 대신 레위지파 사람 모두를 하나님께 드렸습니다.

지금도 여호와 하나님께서는 살아 계십니다. 그러므로 누구든지 하나님을 섬기고자 하는 사람은 반드시 십일조를 드리므로 보이지 않는 하나님에 대한 신앙의 직접적인 표현이 되어 하나님과의 관계가 이루어지게 되는 것입니다.

참회의
용서

톨스토이의 작품 중에 이런 글이 있습니다.

두 여인이 노인 앞에 가르침을 받으러 왔는데, 한 여인은 젊었을 때 남편을 두고도 음행한 일로 인하여 몹시도 괴로워하고 있었으며 용서받을 수 없는 큰 죄인이라고 스스로 여기고 참회하고 있었고, 또 다른 여인은 별다른 큰 죄를 지은 일이 없기에 어느 정도 만족스러운 생활 가운데 있노라고 했습니다.

노인은 처음 여인에게는 들기조차 힘든 큰 돌을 하나 가져오라고 했고, 별로 큰 죄를 지은 일이 없다고 한 여인에게는 조그마한 돌을 들 수 있을 만큼 많이 가져오라고 했습니다. 두 여인이 돌을 가져오자 노인은 그 가져온 돌을 모두 제자리에 다시 갖다 두고 오라고 했습니다.

큰 돌을 가져왔던 여인은 쉽게 제자리에 갖다 두었지만 여러 개의 작은 돌을 가져온 여인은 그 돌들을 어디서 가져왔는지 기억할 수 없어 거의 대부분의 돌을 끌어안고 쩔쩔매고 있었습니다.

노인이 말합니다.

"죄라는 것도 그렇다. 크고 무거운 돌은 그 돌을 어디서 가져왔는지 정확하게 알고 있어 제자리에 갖다 둘 수 있지만 작은 돌은 어디서 어떻게 가져왔는지 몰라 제자리에 둘 수 없다. 작은 죄를 수없이 짓고도 죄로 여기지 않고 대수롭지 않게 여기면 죄 짓는 일에 습관이 되어 버린다."

로마서 3장 23절에 "모든 사람이 죄를 범하였으매" 하였으며 로마서 6장 23절에서는 "죄의 삯은 사망"이라고 하였습니다. 하나님의 법에 의하면 죄를 지은 자는 "사망" 즉 "사형"이라고 말씀하십니다. 우리가 생각하기에도 큰 죄든 작은 죄든 죄라고 하는 것은 그 죄에 대한 벌을 받아야 합니다. 죄의 값이 "사망"이라면 누가 피할 수 있을까요?

물에다 큰 돌을 집어넣으면 쉽게 빨리 가라앉습니다. 아주 작지만 모래알도 물에 넣으면 가라앉는 것은 마찬가지입니다. 문제는 큰 죄냐 작은 죄냐 하는 것이 아니고 참회하여 용서를 받았는가, 용서받지 못했는가에 있습니다. 윤리와 도덕적으로 보아 겉으로 드러난 죄를 가지고 죄인이라 정죄해서는 안 됩니다.

인간은 누구나 하나님의 심판대 앞에 서서 심판을 받게 됩니다. 그러므로 하나님께 대한 신앙적인 죄부터 회개해야 합니다. 하나님께서는 회개하는 자에게는 용서를 베푸십니다.

음행

너희가 하나님의 성전인 것과 하나님의 성령이 너희 안에 거하시
는 것을 알지 못하느뇨 고전 3:16

우리의 몸은 성령님께서 내주하고 계시는 성전입니다. 그러
므로 우리 몸은 정결하게 보존되어야 합니다. 정결하게란 말은
목욕을 하고 몸에 상처가 나지 않도록 하여 깨끗하게 하는 것을
말하지 않습니다. 귀신과 교제하지 아니하고 음행으로 인하여
몸을 더럽히지 아니한 깨끗한 몸을 말합니다.

그중에 음행으로 인하여 몸이 더럽혀지면 우리의 영혼은 파
리하게 됩니다. 거룩한 것이 무엇인지조차 깨닫지 못하게 되며,
도덕적 의지력을 상실하며, 생동 있는 삶의 의미를 잃어버려 이

세상에서 살아간다는 자체를 무의미하게 여깁니다.

경제적으로 패가망신하게 하는 것이 도박이라면 자신의 삶 자체를 망가뜨리는 것은 음행입니다. 다른 모든 죄는 회개하면 속히 그 죄의 사슬에서 놓임 받아 자유하게 되지만 음행은 그렇지 못합니다. 음행이라는 병만큼 그 치유가 오래 걸리는 병도 없습니다. 음행의 죄도 회개하면 용서받지만 음행으로 인하여 잃어버린 신앙을 되찾고 정신적 건강을 회복하는 데는 상당한 시간이 걸립니다.

그러므로 자기 자신의 영구한 앞날을 위하여 음행을 피해야 합니다. 피하지 않고 접근하게 되면 결국은 망하게 됩니다. 홍수처럼 밀려오는 음란한 문화(?)의 물결로부터 피할 수 있는 길은 경건한 생활(하나님께 예배드리는 생활) 속에 푹 젖어 날마다 주님을 찬양하는 길밖에 없습니다.

당신이 지금 음행에 빠져 있다면 속히 회개해야 합니다. 그래도 지금은 은혜 받을만한 때이기에 은혜가 있을 때 회개해야 합니다. 성령님께서 도와주십니다.

나를 위한
용서

남을 미워하고, 원망하고, 비방하는 마음이 내게 있다면 그건 하나님 앞에 분명 죄일 뿐만 아니라 나 자신에게 정신적 육체적으로 많은 해를 가져온다는 사실을 알아야 합니다.

건강했던 한 여인이 어느 날 갑자기 먹은 음식이 소화가 되지 않고 토하고 설사를 해 병원에 가서 진찰을 받아 보았으나 아무 이상이 없었습니다. 그러나 아픈 증세는 계속되었고 그러다가 어느 날 특별한 약을 먹은 것도 아닌데 정상적으로 건강을 되찾았다가는 또 소화가 되지 않았습니다. 결국은 정신과 의사가 그 이유를 밝혀내었습니다.

그 여인은 남편과 함께 단란하게 살고 있는데, 따로 살고 계시는 시어머니께서 오시기만 하면 소화불량이 생겼던 것입니다. 물론 시어머니와는 사이가 좋지 않았습니다.

성난 젖소에게서 짜낸 우유는 사람에게 해롭고, 성질부리고 난 엄마가 아기에게 젖을 먹이면 그 아기는 설사를 한다는 사실은 이미 밝혀진 사실입니다. 마음속에 증오하는 마음이 있으면 그 증오하는 마음이 있는 동안 온 세상은 어둡고 침침해 꽃을 보아도 아름답지 않고 하늘을 보아도 푸르지 않습니다.

어느 집사님이 승용차를 운전해 출근을 하는데 왼쪽 차선을 달리던 영업용 택시가 갑자기 끼여드는 바람에 급브레이크를 밟았습니다. 그로 인해 이마에 혹이 날 정도였는데 그 택시기사는 미안하다는 말 한마디 없이 그대로 가버려 너무나 화가 난 집사님이 택시를 뒤쫓아 가다가 접촉사고를 내 수습하느라 한 달치 월급을 고스란히 날렸을 뿐만 아니라 한 달 내내 속상해서 되는 일이 없었습니다.

'용서'라고 하는 것은 자신을 이기는 힘이요, 자신을 다스리는 지혜인 것입니다. 온 세상이 모두 아름답고 깨끗한 것은 아닙니다. 모두가 행복하고 평화스러운 삶을 사는 것도 아닙니다. 세상을 아름답게 보는 눈이 필요하며 용서할 줄 아는 너그러운 마음이 필요합니다. 사랑은 용서에서 시작되며 행복은 이런 사랑에서 싹트는 것입니다.

미움과 분노는 자기 자신을 자신도 모르게 병들게 합니다. 성경은 "용서하라, 긍휼이 여기라" 말씀하십니다.

'용서'라고 하는 것은
자신을 이기는 힘이요,
자신을 다스리는 지혜인 것입니다.

주께서 주신
은혜

유대인 남자들은 매일 기도하는 중에 하나님께 감사하는 세 가지가 있었습니다. 그 하나는 이방인으로 태어나지 않고 유대인으로 태어난 것에 대한 감사이고, 둘째는 종이나 노예로 태어나지 않고 자유인으로 태어난 감사이고, 셋째는 여자로 태어나지 않고 남자로 태어났다는 것이었습니다.

당시 유대인들은 인종 차별, 계급 차별, 남녀 차별을 노골화하여 이방인들과의 화해나 천한 사람들과의 대화, 여성들과의 평등을 외면하면서도 하나님의 선택된 백성이라는 자기 자만으로 교만했습니다.

하나님이신 그리스도 예수께서는 이러한 유대인 사회 속에 들어오셔서 화평의 복음을 전하신 것입니다. 예컨대, 선한 사마리아인의 비유를 _{눅 10장} 통해서 이방인인 사마리아인을 참된 이웃의 모델로 제시했고, 열 명의 문둥병자를 고치신 이야기를 _{눅 17장} 통해 진정으로 감사할 줄 아는 사람은 이방인이었다고 시사했습니다.

이방인인 백부장의 믿음을 주님께서 칭찬하셨습니다 _{눅 7:2-9}. 반면에 이방인을 사람 취급도 하지 않는 유대인들은 예수 그리스도를 십자가에 못 박으라고 소리쳤고 이방인인 총독 빌라도는 거듭해서 예수님의 무죄를 선언했습니다.

사탄의 노예가 되어 군대귀신 들려 미치광이가 되어버린 사람을 온전케 하여 자유 함을 준 사건이나 _{막 5장}, 여자들을 사람 숫자에도 포함시키지 않는 유대인 사회에서 예수님은 겨자씨를 가진 남자와 누룩을 가진 여자를 _{눅 13장}, 양 잃은 목자(남자)와 드라크마를 잃은 여인을 _{눅 15장}, 침상에 누운 두 남자와 맷돌 가는 두 여인을 _{눅 17장} 등장시켜 남자와 여자의 차별 없음을 분명히 하셨습니다. 진정한 의미에서 평화는 민족적, 인종적, 남녀 차별에서 벗어나지 않으면 이룰 수 없는 것입니다.

그러므로 그리스도 예수의 복음은 이 모든 차별에서 평등하게 하셨고 이것은 자기를 낮추어 종의 형체를 입은 _{빌 2장} 예수님의 형상을 닮을 때에 가능해집니다. 주께서 자유하게 하셨으므로 다시는 종의 멍에를 메지 말아야 합니다. 이방인이며 사탄의 종이었던 우리는 특히 여자라면 주 안에서 얻은 은혜를 쏟지 않기 위해 날마다 최선의 삶을 살아야 합니다.

.

나의 어릴 적
크리스마스

바람 소리조차 고요한 밤하늘에 별빛은 더욱 빛났습니다. 장로님, 권사님, 집사님, 선생님 그리고 아이들 모두가 하나가 되어 십자가 호롱불 앞세우고 소복이 쌓인 눈길을 걸으며 어느 누구도 아무 말 하지 않았습니다.

마을 길을 지나 논둑길을 걸을 때면 앞서 가시던 여선생님이 내 손을 잡아 주셨습니다. 어둠 속에서도 빨개진 내 얼굴이 보일까봐 고개를 떨구었습니다. 숨죽이고 새하얀 눈 위에 발자국 소리조차 들리지 않게 가만가만 산언덕 밑의 초가집 앞에 모여서면 장로님의 큼지막한 손이 올라갔다 내려오는 순간 "기쁘다 구주 오셨네!" 찬양소리는 온 동네 가득 차도록 메아리쳐 울렸습니다.

성탄절 아침, 동방박사가 예물 드리는 그림을 융판에 붙이면서 말씀하는 설교를 들으면서 나도 크면 저 박사들처럼 "예수님께 예물을 드리고 경배해야지." 다짐했었습니다.

교회 문을 나설 때 아이들을 줄 세워 놓고 나누어주던 선물 한 봉지. 그 속에 사탕이랑, 과자랑, 껌이랑, 인절미 두 개가 있었습니다. 그런데 인절미가 어떻게나 맛있든지 교회 앞마당에서 다 먹어 치우고 발길이 떨어지지 않아 한 꾀를 내었습니다.

교회당 뒤쪽의 기도실로 해서 강단과 교회로 통하는 좁은 문이 있는 줄 알고 있던 터라 그리로 숨어 줄 서 있는 아이들 맨 뒤에 서서 또 한 봉지 받으려 했는데 선생님이 그걸 모를 리가 있나요? 꿀밤만 맞았습니다.

선물 봉지에 인절미 두 개가 뭡니까? 3개는 돼야지요. 눈물이 핑 돌았지만 그래도 참 즐거웠던 성탄절이었습니다.

인생의
겨울 차비

인생의 참된 지혜는 예비하는 데 있습니다. 성경은 겨울 양식을 여름에 준비하는 개미의 지혜를 배우라고 하였습니다 잠 6:6-8. 그러나 대다수의 사람들은 무엇을 어떻게 예비해야 되는지 모르고 있습니다. 쓸데없는 것들만 모아들여 결국은 찬바람 몰아치는 겨울 언덕에서 참을 수 없는 고독을 맛보게 됩니다. 돌이킬 수 없는 인생이 다 가기 전에 진리를 깨달아야 합니다.

세계적인 문학가 헤밍웨이가 인생 허무를 느끼고 자살할 때 그의 유서에 이렇게 기록했습니다.

"나는 전기의 흐름이 그치고 필라멘트가 끊어진 텅 빈 전구처럼 고독하다."

그는 현실은 보았지만 미래는 보지 못한 것입니다. 영혼이 있는 사람은 영원을 추구하게 되어 있습니다. 이 세상 삶을 한 세상살이라고 하면 그 후에는 영원한 세상이 있다는 사실을 알아야 합니다. 그 영원한 세상에서 살아갈 준비를 하는 것이 이 세상입니다. 그것을 믿고 안 믿고는 자유이나 사실임에는 틀림없습니다. 하루를 사는 데 세끼의 밥이 필요하고, 일 년을 사는 데는 입을 옷이 필요하고, 삶을 살아가는 데 있어서는 거처할 집이 있어야 하겠지만 영원한 삶을 위해서는 정죄 받은 내 영혼이 구원을 받아야 합니다.

감옥에는 사형수도 갇혀 있고 그를 지키는 간수도 사실 갇혀 있습니다. 사형수는 사형을 받아 죽게 되겠지만 간수도 재판관도 결국은 죽게 됩니다. 다만 시간적 차이가 있다 뿐이지 죽는다는 것은 꼭 같습니다.

그렇다면 재물과 지혜가 우리를 죽음에서 구원해내지 못하는 세상에서 우리는 무엇을 준비해야 할까요? 죽음보다 강한 고독에서, 생애의 종착역 사망의 음침한 골짜기 앞에서 "나는 무엇을 하며 살았던고." 하는 절규는 누구도 들어주지 않습니다. 아무것도 당신 손에 남는 것이 없습니다. 아무것도 가지고 가지 못합니다. 당신을 위로하며 당신 곁에 서서 사랑해 줄 사람이 아무도 없습니다. 우리는 죽음의 강을 건너 다음 세계로 가야 합니다. 그

세계는 두 갈래로 되어 있는데 한 길은 천국 길이요, 또 한 길은 지옥 길입니다.

누가 천국에 갈 수 있을까요? 그 길은 사람의 행위에 있지 않고 오직 예수 그리스도를 믿는 믿음 안에 있습니다. 그러기 때문에 예수를 믿으라고 전하는 것입니다. 밥이나 먹고 돈이나 좀 더 벌자고 예수를 믿어야 한다면 굳이 전할 필요가 없습니다.

오늘 하루를 헛되이 보내어서는 안 됩니다. 지금이라도 마음을 정하여 하나님께서 보내신 예수 그리스도를 믿음으로 받아들여야 합니다. 그분이 당신을 구원하고 당신을 영원한 나라로 인도합니다. 교회는 예수 그리스도를 믿을 수 있도록 안내해 줍니다. 예수님의 이야기를 듣는 것이 내일을 위한 가장 소중한 준비입니다.

새해
새사람

새것이 좋습니다. 구닥다리는 내어버리고 새것을 장만해야 합니다. 그래서 자동차도, 세탁기도, 냉장고도, 새것으로 바꿉니다. 새것은 기능도 성능도 더 좋습니다. 할 수만 있다면 집도 새 집이 좋고 사람도 새사람이 좋습니다. 그런데 자동차나 세탁기는 새 상품이 자꾸 나와서 고르기가 좋은데 사람은 새사람이 없어 고민입니다.

새해가 되었다고 낡은 사람이 새사람이 되는 것도, 젊은이라고 해서 새것일 수도 없습니다. 새것은 옛것보다 더 나아야 새것의 가치가 있는 것입니다. 그런 의미에서 갈아치우고 새것으로 대치할 만한 사람이 없습니다.

다니엘서에 한 신상이 나오는데 머리는 금, 가슴과 팔은 은, 배와 넓적다리는 구리, 다리는 철로 되었습니다. 그 신상은 역사의 흐름 속에 나타날 "왕"을 의미한다고 했습니다.

세월이 갈수록 가치는 떨어지고 강도는 높게 되어 있습니다. 은은 금보다 강하지만 가치는 덜합니다. 구리는 은보다 강하고 철은 구리보다 강합니다. 그러나 그 가치는 더하지 못합니다. 무엇을 의미할까요? 인간은 세월의 흐름 속에 더 나은 사람이 나오지 못한다는 것입니다. 그러니 어디 가서 새사람을 구하겠습니까?

사무엘이 죽은 후 사울 왕은 하도 답답하여 신접한 여인에게 부탁해 영계에 있을 사무엘을 불러 올려 조언을 듣고자 했습니다. 그러나 모세나 여호수아와 같이 민중을 사랑하고 아끼는 지도자를 영계에서 불러 올려 자문을 받을 수는 없습니다.

오직 그리스도 예수 안에서 새사람이 될 수 있다고 성경은 말하고 있습니다 고후 5:1. 자신이 완전히 죽어 장사지낸바 되고 예수 안에서 새로운 탄생이 있어야 합니다. 물론 생명의 거듭남은 한 번이지만 삶에 있어서의 가치관은 날마다 새로워져야 합니다. 그래서 바울은, "나는 날마다 죽노라"고 고전 15:31 했습니다. 죽어야만 그리스도께서 살아 역사하시기 때문입니다.

사람을 바꾸어 새것을 얻으려 하지 말고 그리스도 예수 안에서 새사람이 되어야 합니다.

생명의 거듭남은
한 번이지만 삶에 있어서의 가치관은
날마다 새로워져야 합니다.

새해 아침의
새로운 생각

새해가 되었습니다. 누구에게나 새해는 새해입니다. 날짜 가는 것도 요일 바뀌는 것도 모르게 바쁜 사람들에게도 새해는 새해임에 틀림없습니다.

시집 못간 노처녀에게, 실패만 거듭한 이들에게 새해는 새로운 삶의 출발점이 되리라고 믿어집니다. 그러나 새해가 우리에게 무엇을 가져다 줄 것이라고 막연하게 요행수를 바라는 삶의 태도는 버려야 합니다.

성공적 삶의 중요한 포인트는 "생각"입니다. 생각은 행동을 가져오고 그것에서 나오는 습관은 생활을 가져옵니다. 영어에서 CAN하면 내용물이 들어있는 깡통을 말합니다. 그러나 CAN NOT하면 빈 깡통이 됩니다. I CAN 은 "나는 할 수 있다."이고,

I CAN NOT 하면 "나는 할 수 없다."입니다. 나는 할 수 없다는 생각 자체가 이미 빈 깡통에 해당하고, 나는 할 수 있다는 생각은 벌써 속이 가득 찬 깡통이 되어 당신의 성공으로 이끌고 있는 것입니다.

"뛰어 보았자 메뚜기요. 살아 보았자 하루살이가 아니냐?"라고 낙심하여 무엇을 해도 희망이 없다고 주저앉아버려서는 안됩니다. 우리는 메뚜기나 하루살이가 아닙니다. 하나님의 형상대로 지음 받은 영을 소유한 사람인 것입니다.

하나님께로 돌아가야 합니다. 그리고 그리스도 예수 안에서 살아가야 합니다. "내게 능력주시는 자 안에서 내가 모든 것을 할 수 있다." _{빌 4:13}고 했습니다. 나는 약하고 가난하고 무능해도 주 예수님이 함께 하시면 능히 할 수 있습니다. 새해엔 할 수 있다고 생각을 바꾸십시오. 그리고 힘써 뛰십시오. 하나님께서는 주 안에서 힘써 일하는 당신이 축복받기를, 성공하기를 원하고 계십니다.

성탄절, 어떻게 보내야 할까?

예수 그리스도께서 태어나신 곳이 유대 땅 베들레헴 마구간 이라는 이야기는 오늘날 모르는 이가 없습니다. 왕자로 태어나 서 인생을 알고자 방랑의 길을 떠난 석가모니와는 달리 예수는 태어날 때부터 낮고 천한 생활이었습니다. 때를 잘못 만나서였 는지 가이사 아구스도의 명을 거역할 수 없는 요셉은 해산할 날 이 임박한 마리아를 이끌고 고향을 찾아 호적 하러 베들레헴에 가다가 여인숙 하나 고르지 못하고 급한 나머지 마구간을 빌려 그곳에서 아기 예수를 낳았습니다 눅 2:1-7.

예수 그리스도는 태어나면서부터 수난을 겪었습니다. 헤롯왕 이 아기 예수를 잡아 죽이려고 군사를 동원했기 때문입니다. 결 국 예수는 애굽 땅으로 피신하였다가 나사렛이란 조그마한 시골

동네에 묻혀 요셉의 목수 일을 도우며 30여 년을 가난하고 구차하게 생활했습니다. 그러나 예수님께서는 하나님의 뜻을 이루며 사셨고, 뜻을 이루기 위해 죽으셨습니다.

"노예로 태어나 다리를 절었고, 거지처럼 가난하였으되 나는 신들의 벗이었으니……." 이는 철인 '에픽테토스'를 두고 한 말입니다. 어떤 생활을 했느냐 하는 것이 중요한 것이 아닙니다. 어떤 삶을 살았느냐 하는 것이 중요합니다.

인생의 결산은 죽음에서 볼 수 있습니다. 살아야 할 때 죽는 것이 죄라면 죽어야 할 때 사는 것 또한 죄라고 여겨집니다. 예수님께서는 33세의 젊은 나이에 죽음의 길로 가게 되었습니다. 겟세마네 동산에서 이미 죽음을 준비하셨기 때문에 아주 담담하게 그 길을 걸어가실 수 있었지만 예수님의 수제자 베드로는 죽음의 공포 앞에서 아주 비겁한 자가 되고 말았습니다.

성탄절이 오늘날 우리에게 주는 의미는 무엇일까요? 가난한 자를 위하여, 그늘지고 소외당한 자를 위하여, 병들고 상처받은 자를 위하여 함께 동거하시다가 그들을 위해 대신 죽음의 길을 가신 예수 그리스도의 삶 속에서 우리는 하나님의 사랑을 발견하게 됩니다.

성탄절에 술집과 백화점이 흥청거리고, 교회당 안에 베들레헴 마구간을 만들기 위한 장식비가 수십억에 달한다니 그게 말이 됩니까? 웅장한 예배당에 붉은 카펫이 깔리고, 따스한 난방시설에 파이프라인 오르간 연주가 울려 퍼지는 현대 교회 안에 마구간을 만들어 놓았다하여 예수님이 그곳에 오실 리가 없습니다.

예수님의 탄생을 축하하고 그 뜻을 기다리던 이스라엘 백성들이 초막절을 지키듯이, 비바람 몰아치는 거리에 초막을 짓고 쓴 나물과 무교병과 양고기를 먹으며 선조들이 자유를 얻기 위해 광야에서 고생함을 맛보게 함이 옳은 듯싶습니다.

우리에게 자유와 구원을 주시려고 오신 예수 그리스도의 탄생을 축하하고 기린다면 마땅히 주가 태어나신 그 허술한 마구간이 나의 양심이 되어야 합니다. 그늘지고 소외당하여 사랑받기를 갈구하는 우리의 이웃에게 우리의 눈길을 돌려 성탄의 기쁜 소식을 전할 수 있어야 합니다.

사람에게 가장 귀한 것은 무엇입니까?

많은 사람들은 돈이 제일 귀한 것이라고 생각합니다.

사실 우리가 이 세상을 살아가는 데는 무엇보다도 돈이 필요합니다. 그러나 돈보다 더 귀한 것이 있습니다.

그것은 건강입니다. 돈이 아무리 많아도 고칠 수 없는 질병으로 누워 있다면 돈이 무슨 소용이 있나요? 아무 소용이 없습니다. 재물보다는 건강이 더 귀한 것입니다.

재물도 있고 건강하다면 얼마나 좋겠습니까? 그러나 사랑이 없으면 아무것도 아닙니다. 우리가 이 세상을 살아가는 데는 재물이 있어야 하고, 건강도 있어야 하고, 사랑도 있어야 하며, 자식복도 있어야 하고, 좋은 이웃도 있어야 합니다.

거기에 명예도 얻어야 하고, 좋은 환경도 있어야 합니다. 이 모든 것을 다 얻고 살아가는 사람이 별로 없지만, 혹 있다 하더라도 목숨이 다하여 죽어야 한다면 무슨 소용이 있나요? 천수하며 주어진 복을 누려야 하는데 모든 사람들은 그러 하지 못합니다. 때가 되면 죽어야 합니다.

마가복음 8장 36-37절에 보면, "사람이 만일 온 천하를 얻고도 제 목숨을 잃으면 무엇이 유익하리요 사람이 무엇을 주고 제 목숨을 바꾸겠느냐?"라고 하였습니다. '목숨'이 가장 귀합니다.

목숨은 생명입니다. 생명은 두 가지가 있습니다. 하나는 부모님으로부터 물려받은 생명이고, 또 하나는 하나님께로부터 부여받은 생명입니다. 부모님으로부터 받은 생명은 제한되어 있습니다.

"우리의 연수가 칠십이요 강건하면 팔십이라 …"라고 하였습니다.시 90:10 그러나 하나님께로부터 받은 생명은 영원하다고 했습니다. 성경은 이렇게 말씀하십니다. "내가 저희에게 영생을 주노니 영원히 멸망치 아니할 터이요. 또 저희를 내 손에서 빼앗을 자가 없느니라."요 10:28 하였습니다

그렇습니다. 영원한 생명이 있습니다. 하나님이 주시는 생명은 영원한 것입니다. 그러면 하나님께로부터 받은 생명, 곧「영생」이 있는 자와 없는 자는 무엇으로 구별됩니까?

요한1서 5장 11-12절에 보면, "아들이 있는 자에게는 생명이 있고, 하나님의 아들이 없는 자에게는 생명이 없느니라."고 하였습니다. 그러므로 영원한 생명은 하나님의 아들 안에 있는 것입니다. 이 아들은 예수 그리스도라고 하였습니다.ⁿ 1:21 그러므로 예수를 믿어 구주로 영접함으로 영원한 생명을 얻게 됩니다.

성경 요한복음 3장 16절을 보면, "하나님이 세상을 이처럼 사랑하사 독생자를 주셨으니 이는 저를 믿는 자마다 멸망치 않고 영생을 얻게 하려 하심이니라." 하였습니다. 하나님께서 주시는 구원(영생)은 선물을 받는 것처럼 얻을 수 있습니다.

에베소서 2장 8절에 "너희가 그 은혜를 인하여 믿음으로 말미암아 구원을 얻었나니 이것이 너희에게서 난 것이 아니요 하나님의 선물이라."고 하였습니다. 그러므로 하나님 말씀을 믿고 선물로 주신 예수님을 받아들이면 영생을 얻습니다.

로마서 10장 10절에 보면, "사람이 마음으로 믿어 의에 이르고, 입으로 시인하여 구원에 이르느니라."고 하였습니다. 하나님 앞에 입으로 시인하는 것은 기도로 하는데, 다음과 같은 기도를 하게 됩니다.

하나님 저는 죄인입니다.
저는 지금까지 하나님도 모르고
섬기지도 않았습니다.

용서해 주세요.

예수님께서 저의 죄를 대신하여
십자가에서 돌아가셨음을 믿습니다.

저는 저의 죄 된 길에서
돌아서기를 원합니다.

그리고
주님의 뜻대로 살기를 원합니다.

예수님을
저의 마음과 생애에 모셔 드립니다.
저는 주님을 믿고 따르겠습니다.

예수님 이름으로 기도합니다. 아멘

요한복음 1장 12절에 "영접하는 자 곧 그 이름을 믿는 자들에게는 하나님의 자녀가 되는 권세를 주셨으니…"라고 하셨습니다. 믿는 자는 하나님의 자녀입니다. 영적인 하나님의 자녀는 사람의 자녀와 같은 방법으로 자라납니다. 처음에는 젖을 먹고 더 자라면 밥을 먹게 됩니다. 영적으로 하나님의 자녀 된 그리스도인들은 영적 양식인「하나님 말씀」을 먹어야 합니다.

처음에는 젖에 해당되는 설교를 자주 들어야 합니다. 어린아이는 부모님의 돌봄으로 성장함 같이, 이제 당신을 영적으로 성숙하도록 도와 줄 부모(즉,교회)가 있어야 합니다.

건전한 교회를 통한 신앙생활은 우리를 온전한 하나님의 사람으로 성장하게 합니다.

신앙생활 잘 하시기 바랍니다.

예수를 믿어야 죄 사함과
거듭남과 영생을 얻습니다

여호와 우리 하나님은 천지를 창조하시고 제일처음 사람을 지으신 분으로, 만물의 주인이심을 믿어야 합니다. 이 말씀을 내가 믿지 못한다 해도 이 말씀들은 진실입니다.

만물의 주인이신 여호와 하나님은 약속의 하나님이십니다. 하나님께서 말씀하신 말씀들은 변개치 아니하시고 반드시 지키시는 분이십니다. 그 어떠한 경우에도 취소하거나 뒤바꾸지 않는 분이십니다.

사람들은 약속을 할 때에 그 약속을 확실히 하려고 문서로 만들어 도장을 찍고 공증을 합니다. 그래도 부도를 냅니다. 그러나 하나님은 약속을 하실 때 그냥 말씀으로만 하셨습니다.

그러기 때문에 우리도 하나님의 말씀하신 그 언약을 그냥 믿어야 합니다.

인류의 조상인 아담과 하와가 그런 하나님 말씀을 순종치 아니하고 범죄 하여 하나님의 동산에서 쫓겨났고, 그 결과 아담을 포함한 아담의 후손 모두는 죽음에 이르게 되었습니다. 그러나 하나님께서는 우리에게 구원의 길을 열어 주셨습니다. 그것은 하나님이신 예수님을 세상에 육신으로 보내시어 우리의 대속 제물이 되게 하시고, 그 예수를 믿으면 죄 사함과 영생을 주시겠다고 약속 하신 것입니다.

요한복음 3장 16절에 보면 "하나님이 세상을 이처럼 사랑하사 독생자를 주셨으니 이는 그를 믿는 자마다 멸망치 않고 영생을 얻게 하려 하심이라" 하였고, "주 예수를 믿으라 그리하면 너와 네 집이 구원을 받으리라"^{행 16:31} 하였습니다.

하나님은 왜 이런 약속을 하셨을까요? 그것은 하나님께서 우리를 지으신 분이고, 또한 우리를 사랑하시기 때문입니다.

그러면 어떤 원리로 예수를 믿으면 구원을 받게 되는 것일까요? 하나님이신 예수님이 이 세상에 사람으로 오셔서 십자가에 못 박혀 죽으심으로 우리 죄를 위한 대속 제물이 되게 하셨고, 부활하심으로 우리를 거듭나게 하셨기 때문입니다. 이미 그렇게 하셨기 때문에 우리는 그냥 믿으면 됩니다. 그러니까 믿음이 중요한 것입니다.

그래도 믿어지지 않나요? 제가 조금 더 설명을 드리겠습니다. 우리가 이 세상에 태어날 때 누가 낳았나요. 아버지의 씨를 받아 어머니가 우리를 낳으셨습니다. 아기를 낳는 산모의 고통을 아시나요? 죽음에 버금가는 고통과 피 흘림 속에 우리의 생명이 태어납니다. 그렇게 낳은 인간이 모두 죄인입니다. 살인강도도 그렇게 태어나지요.

십자가에 못 박히신 예수님을 생각해 보세요. 십자가에 달려 살이 찢어지는 고통과 피와 물을 다 쏟으시고 죽으신 것은 우리의 죄를 속죄하기 위한 대속 제물이 되신 것이며, 믿는 자들을 거듭나게 하신 것입니다. 죄 없으신 하나님의 씨로 낳으신 것입니다. 그러므로 거듭난 자는 죽어도 다시 살아나고, 영생하게 되는 것입니다.

성경 베드로 전서 1장 23절에 보면 "너희가 거듭난 것은 썩어질 씨로 된 것이 아니요 썩지 아니할 씨로 된 것이니 살아 있고 항상 있는 하나님의 말씀으로 되었느니라" 하였습니다.

마음에 믿음이 생기면 입술로 믿는다고 고백을 해야 합니다. 다음 기도문대로 한번 따라 해 보세요.

하나님! 나 ○○○ 은(는) 죽을 수박에 없는 죄인이었으나 예수님께서
나대신 십자가에서 죽으셨고 죽으신지 사흘 만에

부활하심으로 나를 거듭나게 하시고
내 생애의 주인이 되심을 믿습니다.
주는 나의 그리스도시요
살고계시는 하나님이심을 믿습니다. 아멘.

잘 하셨습니다.

예수님을 믿음으로 거듭난 우리는 하나님의 자녀입니다. "영접하는 자 곧 그 이름을 믿는 자들에게는 하나님의 자녀가 되는 권세를 주셨다"요 1:12고 하였습니다. 그러나 출생 했다고 다 된 것은 아닙니다. 자라나야 합니다. 그 자라나는 과정이 신앙생활입니다. 영적 생명의 양식은 하나님 말씀입니다. 건전한 교회에 나가시어 예배를 드리며, 성경책에 있는 하나님 말씀을 내가 직접 읽고 그 말씀을 순종하는 삶을 살아가면 믿음이 자라나게 되는 것입니다.

거듭난 자의 삶은 영원히 사는 영적생명의 삶을 살아가는 것입니다. 믿는 자는 구원받은 자 이고, 하나님의 자녀이며, 또한 천국의 시민인 것입니다. 할렐루야!

YouTube(유튜브) 검생창에 '주만사랑선교회'를 검색하시면 죄사함과 거듭남, 영생에 대한 설교를 들을 수 있습니다.

보석같은 사랑
보석보다
더 귀한 사랑!